Wenn die Seele brennt

Angelika Görres

Wenn die Seele brennt

Mit Heilhypnose auf der Reise nach innen

*Bibliografische Information der Deutschen Nationalbibliothek:
Die Deutsche Nationalbibliothek verzeichnet diese Publikation in der Deutschen Nationalbibliografie; detaillierte bibliografische Daten sind im Internet über http://dnb.dnb.de abrufbar.*

© *2016 Angelika Görres*

Herstellung und Verlag: BoD – Books on Demand, Norderstedt

ISBN: 978-3-7431-2839-2

Inhalt

Vorwort ... 7
Übersicht ... 8
Der Weg zum Heilpraktiker-Beruf ... 10
Die Prüfung ... 17
Praxisanfang ... 23
Therapien in der Praxis ... 24
   Medizinische Heilhypnose ... 24
   Wie funktioniert die Heilhypnose? ... 24
   Familien – Therapie ... 25
   NPSO – Neue punktuelle Schmerz- und Organtherapie nach Rudolf Siener ... 27
     Dr. Bach Blüten-Therapie ... 28
     Die Wirkung der Bach – Blüten ... 29
     Der Darm ... 30
     Die DNR – Therapie ... 31
     Wirkungsweise der Therapie ... 33
     Störfaktor Nummer 1: Emotionaler Stress ... 34
   Die DNR – Therapie nach A. Görres ... 36
     Beschreibung und Erklärung des Wirkungsprinzips von ... 36
     Dr. med. Ute Jachmann-Jahn ... 36
     Der Praxisanfang ... 37
     Erfolge in der Praxis ... 45
     Eine Kinderhaut braucht Hilfe ... 51
     Im Traumland: Ein Bericht von Corinna ... 54
     Eine besondere Hypnose ... 58
     Meine Entscheidung ... 60
     Das Blaue Licht ... 62
     Du wirst groß und stark ... 65
     Der Glaube kann Berge versetzen ... 71
   Kinder und ihre Erkrankungen ... 76
     Einflüsse während der Schwangerschaft ... 76
     Ich habe 10 Freunde und das sind meine Körper-Polizisten .. 77
     Mit dem weißen Traumschiff nach Amerika ... 89

Aus Liebe leiden 96
Ein neues Leben 105
Ein Herz ruft nach Anerkennung 114
In eine neue Haut schlüpfen 121
Ich lebte als Mann im Jahre 1734 141
Ich habe mich befreit 149
Stark genug für ein selbstbestimmtes Leben 161
Wo ist mein Opa? 179
Danksagung 183

Vorwort

Mit diesem Buch möchte ich bewusst den ganz normalen Leser ansprechen. Das Gefühl und seine grundlegende Bedeutung für Gesundheit und Krankheit sind das zentrale Thema dieses Buches. Gesundheit und Krankheit werden eigentlich aus unseren Gefühlen geboren. Unser ganzes Leben wird von Gefühlen bestimmt, durch die Kraft unserer Gedanken. Diese Tatsache und deren uneingeschränkte Bedeutung für unser tägliches Leben werden mittlerweile von vielen Menschen in weiten Bereichen als so normal empfunden, dass niemand auf den Gedanken käme, dies bestreiten zu wollen.

Dem steht in anderen Bereichen ein vom Materialismus geprägtes naturwissenschaftliches Weltbild entgegen, das für sich in Anspruch nimmt, die einzig wahre wissenschaftlich bewiesene Weltanschauung zu sein, ohne zu berücksichtigen, dass man Gefühle nicht messen, nicht wiegen und nicht anfassen kann. Aus diesem unmittelbaren Zusammenhang heraus habe ich die Gefühle auch zum zentralen Thema meiner Erzählungen gemacht.

Der Titel soll zum Ausdruck bringen, wie sehr die Seele eines Menschen brennt, der sich - oft als letzte Hoffnung - in meine Behandlung begeben hat und wie sehr ihn dieser „Seelenbrand" krank gemacht hat. Er soll aber auch ausdrücken, dass die Seele nach ihrer und des Körpers Heilung in einem positiven Sinne mit einer dann wieder ruhigen und gleichmäßigen Flamme brennt.

Übersicht

Der Weg zum Heilpraktiker-Beruf

Hier werden die Beweggründe für meinen Entschluss, in doch schon reiferem Alter noch einmal einen neuen Beruf zu ergreifen, insbesondere einen Heilberuf - aufgezeigt. Die Zweifel und das Unverständnis eines großen Teils meiner Umgebung kommen dabei zum Ausdruck. Aber auch meine eigenen Zweifel und Nöte und wie ich aus meinem bisherigen Lebensweg die Kraft zum Erfolg gefunden habe. In großen Passagen mache ich meine eigenen Gefühle zum Lehrbeispiel.

Die Prüfung

In diesem Kapitel beschreibe ich den Ablauf von schriftlicher sowie mündlicher Prüfung vor dem Amtsarzt und wie auch hier wieder Gefühle entscheidend mitspielen.

Der Praxisanfang

Es wird der Beginn der Praxis beschrieben, die Euphorie des Neubeginns in dem angestrebten Beruf und die Suche nach den für mich am besten geeigneten Therapiemöglichkeiten. Insbesondere beschreibe ich auch, wie ich eine große Anzahl von Menschen kostenlos behandelt habe, nur um Erfahrungen sammeln zu können und Sicherheit zu bekommen. Die ersten Erfolge und die Dankbarkeit auf diese Leistung verberge ich in der Erzählung aber auch nicht.

Therapie – Ausbildung

Ausbildung von Therapien, die für den Patienten sanft und schmerzfrei sein sollten:

Med. Heilhypnose - die Therapie für die Seele

NPSO und DNR - die Therapie bei psychischen und organischen *Schmerzen*

Erfolge in der Praxis

In diesem Kapitel werden die erstaunlichsten Erfolge anhand von Krankheitsgeschichten verschiedener Patienten mit den unterschiedlichsten Erkrankungen beschrieben.

Der Weg zum Heilpraktiker-Beruf

Mein Beruf Heilpraktikerin ist für mich eine Berufung. Es war mein Lebenswunsch. Ich setze mich voll ein, um meinen Patienten in ihrem Leiden und Schmerzen zur Seite zu stehen und ihnen nach bestem Wissen und Gewissen zu helfen. Es war für mich ein langer und oftmals auch sehr schwerer Weg bis zu meinem wunderbaren Beruf. Wie oft habe ich geweint und war verzweifelt, weil etwas in mir sagte „das schaffst du nie!". Meine Umwelt – außer meinem Mann – belächelte mein Vorhaben. Als wollten sie sagen, „wie kann man sich in diesem Alter noch so etwas antun?" Hatte ich doch einen guten Beruf, ein gesichertes Einkommen und war hier auch recht erfolgreich.

Man sagte mir: du hast ein Leben lang gearbeitet. In gut 10 Jahren, mit 60, kannst du in Rente gehen. Du hast dann ein schönes Leben, kannst in den Urlaub fahren, wann du willst, die günstigen Urlaubstarife ausnutzen, du kannst dich ausruhen und in Ruhe alt werden. Alle sahen mich an, als hätte ich auf meiner Stirn das Wort – Rentenalter – stehen, als ob ich mit Ende vierzig nichts mehr schaffen könnte. Keiner fragte mich nach meinen Gefühlen. Alle um mich herum fühlten für mich und bestimmten für mich. Das sollte mir doch genügen. Aber es genügte mir nicht, mir vorzustellen als Rentnerin jeden Tag zu Hause zu sitzen und auf den nächsten Tag und übernächsten Tag zu warten. Ich bin ein Mensch, der jedem die Freiheit lässt, das zu machen, wozu er Lust hat. Ich war enttäuscht von meinem Umfeld. Warum ließen sie mich nicht auch das tun, was ich wollte? Ich hatte innerlich erwartet, dass sich alle mit mir über meinen Entschluss freuen würden und hoffte im Geheimen auf Motivation. Denn die brauchte ich zu jener Zeit so sehr. Keiner konnte mich verstehen, wieso auch? Sie konnten meine Gefühle nicht nachempfinden. Sie wollten mir nur helfen, weil sie sahen, wie sehr ich mich quälte. Mit all den medizinischen und lateinischen Begriffen. Wie schwer fiel es mir fiel, die Anatomie des Körpers mit seinem physiologischen Ablauf zu verstehen und wie schwer es mir fiel, alle Muskeln, alle Gelenke mit ihren lateinischen Namen in mir zu speichern. Das gewaltige Nervensystem zu verstehen. Zu lernen, wie das Herz mit dem Blutkreislauf zusammenarbeitet, welche Funktion die Lunge oder die Leber hat. Hatte ich das endlich verstanden, kamen die Krankheiten an die Reihe. Ich lernte, wie sie entstehen und wie man sie behandeln kann. Es war so viel für mich.

Und immer dann, wenn ich keine Kraft mehr in mir spürte, wenn ich mich in eine Ecke verkroch und weinte, bis ich dachte, mir platzt die Brust und der Magen, wenn ich tief in mir fast aufgab und dachte alles wäre für die Katz, wenn ich keine Hoffnung mehr für mich sah, dann wurde es in mir still wie in einer Kirche. Kein Gedanke holte mich aus dieser Stille. Ich wurde ganz ruhig und dann sprach ich in Gedanken zu Gott: Lieber Gott hier bin ich jetzt. Du siehst mich hilflos und alleine. Ich bin am Ende, ich kann nicht mehr. Glaube mir, lieber Gott, denn du kennst mich bis auf den Grund meiner Seele. Vor dir kann ich nichts verbergen. Ich lege mein Schicksal in deine Hände und wenn es dein Wille ist, dass ich diesen Beruf ausüben soll, dann hilf mir, ich schaffe es nicht ohne Dich.

Während ich diese Worte in mir sprach, hatte ich das Gefühl, als wäre ich innerlich leer, wie ausgehöhlt. Ich fühlte meinen Körper nicht mehr, ich lauschte nur ganz, ganz tief in mich hinein, in der Hoffnung, etwas zu fühlen.

Ich wartete und wartete. Ich hatte keinen Zeitbegriff mehr, ich war nur noch Gefühl. In mir entstand eine unendliche tiefe Ruhe und Geduld. Ich hatte nichts mehr zu verlieren, ich war sowieso am Ende. Dann geschah in mir Wunderbares. Ein warmes Glücksgefühl strömte in meinen Magen und dehnte sich in meinem Körper aus. Ich spürte dieses Gefühl überall. In meinem Kopf, in meinen Beinen, meinen Füßen, meinen Armen und Händen. Ich wurde von diesem warmen Glücksgefühl durchströmt und ich wusste (!): Das ist Gott. Er sprach nicht mit mir, er erschien mir auch nicht und er schickte mir auch keine Engel. Er gab mir nur einfach ein Gefühl! Seine Liebe!

Seine Liebe durchströmte mich und ich war so glücklich, so dankbar. Ein Gedanke sagte mir: nimm dieses Gefühl einfach nur in dir auf, lass es einfach nur zu, lass es einfach nur geschehen. Dieses Gefühl gab mir eine Kraft. Ich hätte Bäume ausreißen können. Ich hätte schreien können vor Glück. Es war wunderschön, dieses Gefühl tief in mir. Durch dieses Gefühl sagte mir Gott, dass es sein Wunsch sei und ich es schaffen werde. Ein Gefühl in mir sagte: du gehst an meiner Hand und ich lasse dich nicht mehr los. Hoffnung und Zuversicht füllte mich aus. Ich fand meinen Glauben an mich wieder. Das Lernen fiel mir leichter und ich erkannte das Wissen vom Leben. Wenn mir auch auf dem Wege bis zu meiner Prüfung mehrmals wieder Zweifel kamen und ich in meinem Glauben strauchelte, war da jedes Mal wieder dieses Glücksgefühl. Ich fühlte, dass er immer für mich da war. Mir wurde bewusst, er hat die Macht bei allen Menschen gleichzeitig zu sein. Wenn ich ihn brauchte, gab er mir das Gefühl, in diesem Moment nur für mich da zu sein. Er hob mich immer wieder auf, nahm mich an seine Hand und gab mir das Gefühl nicht mehr allein zu sein. Durch diese Liebe bekam ich die Kraft zum Durchhalten. Jeden Tag bin ich in tiefer Demut und Dankbarkeit vor dem, der mich leitet und immer wieder aufrichtet, wenn ich mal zweifle. Mein tiefer Glaube an Gott ist der Inhalt meines Lebens, meiner täglichen Arbeit und wird mit jedem neuen Tag stärker als am Tag zuvor. Durch diese Kraft, bin ich in der Lage, mit den Menschen mitzufühlen, ohne dass es mich selbst belastet. Ich werde nicht müde in der Geduld mit ihnen. Ich kann ihnen helfen. Das macht mich glücklich und dankbar. Ich glaube, die Bereitschaft den Menschen helfen zu wollen, wurde mir in die Wiege gelegt. Meine Großmutter war schon in der Ukraine, wo sie geboren wurde und bis zum 1. Weltkrieg lebte, eine Heilkundige. Zu ihr kamen die Menschen aus dem Dorf, wenn sie krank waren oder Probleme hatten, und meine Großmutter hatte Erfolg.

In der Zeit, als meine Mutter mit mir schwanger ging, sah sie sich mit ihrer Schwester einen Kinofilm mit dem Titel „Schwester Angelika" an. Meine Tante beschwor meine Mutter: „wenn du ein Mädchen bekommst, nenne sie Angelika!" Also denke ich, da wurde schon vor meiner Geburt kräftig an meinem Lebensrad gedreht.

Ich war das Kind einer großen Liebe, - so hat meine Mutter mir immer erzählt. Vier Jahre lang war mir die Liebe meines Vaters vergönnt. Dann trennten sich meine Eltern. Aber die Liebe, die er mir vier Jahre lang gegeben hat, trägt noch heute ihre Früchte.

Für meine Mutter war Ausbildung nicht wichtig. „Ein Mädchen heiratet und bekommt Kinder." Ich übernahm dieses Denken, glaubte meiner Mutter. Also blieb ich auf dem Weg und heiratete viel zu früh, mit 18 Jahren. Der Wunsch nach Kindern erfüllte sich drei Jahre später und ich bekam zwei wunderbare Söhne. Meine Ehe scheiterte, und ich hatte die Aufgabe, für meine Söhne allein zu sorgen. Als meine Jungs aus dem Gröbsten heraus waren, begann ich erst meine Berufsausbildung zur Bürokauffrau mit 32 Jahren. Viel lieber hätte ich einen Heilberuf ergriffen, doch finanzielle Gründe hinderten mich daran.

Ich heiratete ein zweites Mal, doch auch diese Ehe wurde nach 10 Jahren geschieden. So lebte ich mein ganz normales Leben weiter. Ich kniete mich in meinen Beruf richtig hinein. Meine Stärke war die Finanzbuchhaltung mit Personalverwaltung. Ich war schon damals sehr beharrlich in meiner Arbeit. Diese Beharrlichkeit kam mir auch später in meiner Praxis zu Gute. Ich gebe mich nicht damit zufrieden, nur Symptome zu behandeln, sondern suche so lange, bis ich die Krankheitsursache gefunden habe. Um in meinem damaligen Beruf weiter zu kommen, besuchte ich mit meiner Schwiegertochter die Steuerfachschule. Unser Verhältnis zueinander ist wie das zwischen Mutter und Tochter. Es waren zwei schöne Jahre, doch während meine Schwiegertochter die Prüfung zum Bilanzbuchhalter zwar schaffte, stolperte ich über die Kostenrechnung. Heute weiß ich, dass dies nicht mein Weg war und ich ihr in dieser Zeit nur zur Seite stehen sollte. Es sollte so sein, sie sollte die Prüfung bestehen und ich sollte noch eine Zeit auf meine Berufung warten. In dieser Zeit lernte ich meinen dritten Mann kennen und lieben. Ich hatte mein großes Glück gefunden. Kurze Zeit darauf führte dann eine Begegnung zu meinem Wunschberuf, den ich heute als meine Berufung betrachte. Als ich eine Heilpraktikerin konsultierte, erfuhr ich, dass es die Möglichkeit gab, in einer Abendschule die entsprechende Ausbildung zu absolvieren. Es war eine Fügung, die Kinder waren groß, waren aus dem Haus. Ich leitete in der Firma meines Mannes die Finanzbuchhaltung. Noch am gleichen Abend sprach ich mit meinem Mann über meinen Wunsch. Es war ein sehr langes, abendfüllendes Gespräch, auch mit kritischen Anmerkungen. Aber grundsätzlich fühlte ich, dass mein geliebter Mann hinter mir stand. Was wollte ich mehr? Ich konnte mich auf ihn verlassen. Eines war klar: die Firma durfte nicht darunter leiden.

Zwei Jahre lang ging ich mehrmals wöchentlich in die Abendschule und erwarb mir Kenntnisse über den Aufbau und den Ablauf des Körpers. Es faszinierte mich, wie überaus komplex der menschliche Organismus ist und wie wunderbar er funktioniert. Wie ein Rädchen in das andere greift und der Ablauf automatisch gesteuert wird, ohne dass wir etwas dazu tun. Für mich ist es noch heute ein sich immer wiederholendes und unbegreifliches Wunder. Über die Standardausbildung hinaus wurden in der Paracelsus-Schule dann zusätzlich Seminare anboten, die ich mit Begeisterung besuchte. Zuerst erlernte ich in den Kursen A bis C die Akupunktur. Jedes Mitglied meiner Familie, das nicht schnell genug weglaufen konnte, wurde von mir genadelt. Schon damals hatte ich kleine Erfolge, die mich natürlich ermutigten, meinen Weg weiterzugehen. Auch der Umgang mit Spritzen, wie man korrekt etwas injiziert, wurde mir in Sonderseminaren beigebracht. Aber schon damals spürte ich, dass ich dieses Feld lieber anderen überlassen sollte. Ich nahm mir vor, meine Patienten zum Arzt zu schicken und dort die Labortests durchführen zu lassen.

Irgendwann während der Ausbildung wurde auch ein Seminar über die Wirkungsweise von Bachblüten nach Dr. E. Bach angeboten. Das faszinierte mich mehr als die Injektionstechnik. Vor allen Dingen das Leben dieses großartigen Arztes, der weltweit so viel wissenschaftliche Anerkennung für seine Behandlungsmethoden bekam, begeisterte mich sehr.

Nach seiner Erkenntnis wurden nämlich sehr viele Krankheiten aus den Gefühlen der Menschen geboren. Er suchte so lange in der Natur, bis

er 38 Blüten gefunden hatte, mit denen er in der Lage war, nicht nur die Sorgen, den Kummer und die Zweifel seiner Patienten aufzulösen, sondern er konnte sie damit sogar gesund machen. Mit großem Erfolg setzte er die verschiedenen Blüten, bei kranken Menschen ein. Mir wurde klar, wie sehr Gefühle unser Leben und unser Gesundsein beeinflussen. Es war die Sensibilität dieses Mannes, die mich nicht mehr los ließ. Dieser Mann konnte fühlen, was ihm gut tat und was nicht. Es war das Wort „Gefühl", das mich beschäftigte. Was war eigentlich Gefühl, und was konnte man damit bewirken? Heute weiß ich, dass wir Menschen durch unsere Gefühle leben und erleben. Dass es Gefühle sind, die uns durch das Leben führen. Wir können bestimmen, wir haben es in der Hand, wie wir uns fühlen möchten. Heute weiß ich wie es funktioniert, aber damals tat ich mich schwer damit. Denn wenn ich fröhlich sein wollte, kamen Gedanken, die mich solange drängten, bis ich niedergeschlagen war. Oder wenn ich dachte, ich schaffe es, kamen die Gedanken die mich beschäftigten, bis ich dachte, ich würde es nicht schaffen. Jahre habe ich an mir gearbeitet, um meine Gedanken auf die Reihe zu kriegen. Das heißt für mich heute, dass mein Unterbewusstsein mit mir zusammenarbeitet und nicht mehr wie früher gegen mich. Erst ist es der Gedanke: Ich denke, ich schaffe es. Immer wieder und immer wieder, jede Minute dachte ich, ich würde es schaffen. Es wurde mit der Zeit zur Routine. Der Gedanke verwandelte sich zuerst in ein Gefühl und schließlich in eine Gewissheit: Es gibt einem Sicherheit, Zuversicht, und Kraft. Es war einfach in mir drin und wenn ich an die Prüfung dachte, kam sofort das Gefühl, als hätte ich die Prüfung bestanden.
Irgendwann war die Schulzeit zu Ende. Allerdings dachte ich, ich sei noch lange nicht so weit, die Prüfung zu machen. Jetzt kam ein Jahr harten Lernens zu Hause. Mein wunderbarer Mann erkannte, wie ernst mir die ganze Sache war und bestand darauf, meine Arbeit in der Firma durch eine Ersatzkraft zu ersetzen. Zum Glück fanden wir recht schnell jemanden, so dass ich mich voll auf mein Studium konzentrieren konnte. Und ich saß zuhause und lernte, dass mir der Kopf qualmte. Sah mir die Ausbildungsvideos immer und immer wieder an. Von

jetzt an hatten die Kinder und Verwandten bei ihren Besuchen die Aufgabe, mich abzuhören. Im letzten halben Jahr vor der Prüfung war es mein großes Glück, dass ich einer jungen und engagierten Ärztin aus dem Freundeskreis meines jüngsten Sohnes begegnete, die in ihrer Freizeit intensiv mit mir lernte und übte. Vor allen Dingen konnte sie mir alle meine Fragen, die ich noch in reichlicher Menge hatte, beantworten. Doch das war mir immer noch nicht genug. Ich besuchte in diesem halben Jahr zusätzlich einen Kurs, der mich ganz speziell auf die Prüfung vorbereitete. Jetzt fühlte ich mich wie gedopt. Ich war fit für die Prüfung.

Die Prüfung

Sechs Wochen vor der Prüfung geschah es. Ich konnte einfach körperlich und auch psychisch nicht mehr und bekam eine Krise. Meine Nerven waren zum Zerreißen gespannt und mein Blutdruck stieg auf 220/140. Ich fiel in ein seelisches Loch. In mir brach Panik aus. Sollte alles umsonst gewesen sein? Ich war in großer Not und konnte nichts mehr in mir fühlen. Mich packte die nackte Angst und ich fragte mich, ob ich denn die ganzen Jahre nur gelernt hatte, um jetzt vor Prüfungsangst zu sterben. Ich rief meinen Mann in der Firma an, erklärte ihm meinen Zustand ich sagte ihm, ich könnte nicht mehr. Er kam sofort nach Hause. Mit dem Auto fuhr er mich sofort zum Notarzt, dieser verschrieb mir blutdrucksenkende Mittel und das war es. Dass ich große Ängste hatte, interessierte den Arzt nicht. Mein Mann fuhr mit mir zur Apotheke, um die Arznei zu besorgen. Er bat den Apotheker, nochmal den Blutdruck bei mir zu messen. Weil der Blutdruck auch dort noch 190/130 war, fragte mich der Apotheker, ob ich im Moment viel Stress hätte. Ich erzählte ihm von meiner bevorstehenden Prüfung. Der Apotheker ließ mich einfach reden und hörte mir zu. Dann beruhigte er mich mit dem Worten „lassen sie jetzt mal alle Gedanken an die Prüfung los. Gehen Sie spazieren und denken Sie jetzt mal nur noch an sich." Ich bedankte mich bei ihm. Mein Mann brachte mich zum Auto und fuhr mit mir ins Grüne – Hand in Hand gingen wir durch die Felder. Ich fühlte, wie ich ruhiger und ruhiger wurde. Wieder zuhause angekommen, nahm mein Mann mich in den Arm und sagte zu mir, „du bist wichtig für mich. Du hast so viel geleistet in den letzten dreieinhalb Jahren, aber ich will dich darüber nicht verlieren." Es leuchtete mir ein: wenn ich jetzt in diesem Zustand weiter machte, würde ich mich selbst zerstören. Mir wurde klar, das Ziel Heilpraktikerin zu werden, durfte nicht mein Leben kosten. Ich beschloss, die

nächsten drei Tage nichts mehr zu tun und danach meine Entscheidung treffen, ob ich zur Prüfung gehen würde oder nicht.
Am Abend kamen die Kinder zu uns und wir sprachen über meine Situation. Die Kinder stärkten mich, indem sie mir sagten: „Mutter wir lieben dich mit und ohne Prüfung, bitte denke daran." Ich nahm mir ihre Worte zu Herzen: Drei Tage lang hatte ich nichts mehr für die Prüfung getan. Ich stand morgens auf, frühstückte in Ruhe und ging spazieren. Ich habe einfach mal nur noch an mich gedacht. Ich sagte mir: also gut, du hast zwar dreieinhalb Jahrelang wie eine Besessene gelernt, aber es soll nicht sein. Akzeptiere es einfach. In Gedanken ließ ich meine Prüfung los.
Es war am dritten Tag, ich lag gerade entspannt auf der Terrasse und hörte Musik. Dann auf einmal fühlte ich etwas wie ein Glücksgefühl in mich strömte und in mir herum. Ganz langsam, ich lag still und ließ es einfach nur in mir fließen. Das schöne Gefühl strömte in meinem Magen hoch, mir schien, als wenn es tief aus meinem Inneren kam, von ganz unten, ganz tief unten. Ich hatte das Gefühl, es kommt aus dem Erdinneren hoch, so tief erschien es mir. Ich war erfüllt von dem Gefühl, im Bauch, im Unterkörper, in den Beinen, in den Armen, in der Brust, im ganzen Kopf.
Dieses Gefühl motivierte mich, gab mir Kraft, ich glaubte wieder an den Erfolg meiner Prüfung. Das Gefühl in mir sagte, dass ich die Prüfung bestehen würde. So gewiss wie nach jeder Nacht ein neuer Tag kommt. War auch in mir die Gewissheit: die Prüfung schaffe ich.
Ich hatte losgelassen, die Prüfung und jeden Gedanken an die Prüfung, ich war innerlich bereit gewesen, die dreieinhalb Jahre hartes Lernen unter dem Aspekt, „ich habe Erfahrungen gesammelt" zu verbuchen. Und als ich erkannte, dass nur ich wichtig war und ich mir keinen Stress mehr zumuten wollte. Da ging eine Sonne in mir auf. Ein sicheres Gefühl sagte mir, wenn du jetzt zur Prüfung gehst, wirst du sie auch bestehen. In mir war eine Klarheit, und kein Zweifel störte dieses Gefühl. Ich freute mich wieder auf die Prüfung. Mein Blutdruck normalisierte sich und meine Familie sah, wie stark ich wieder war. Sie wünschten mir alles Gute.

Meine Kinder schrieben mir eine wunderbare Karte mit den Worten:

Liebe Mutter
Nun ist es fast vollbracht, nur noch wenige Stunden trennen dich von dem Titel Heilpraktikerin, der Berechtigung dein Wissen offiziell, „mit Stempel und Urkunde" weiter zu geben, dieses wunderbare Wissen über den Menschen.
Deine wundervolle Art, deine Ausstrahlung und deine Überzeugung werden die Prüfer beeindrucken. Es wird ein Tag der Liebe und der positiven Gedanken. Es wird ein schöner Tag. Dein Tag. Unsere Gedanken begleiten dich an deinem Prüfungstag und wir wünschen dir viele (...) - und darunter malten sie mir viele Glückspilze.
Ich dankte im Stillen Gott für so wunderbare Kinder. Ich freute mich auf die Prüfung, auf den großen Tag. Und dann kam er, der wichtige Tag. Die schriftliche Prüfung kam, und mein geliebter Mann, ohne den ich das alles nicht geschafft hätte, stand an meiner Seite. Er fuhr mich zur Prüfung. Während er draußen wartete, ging ich hinein. Die ganze schriftliche Prüfung über hatte ich das Gefühl, wie auf einer Wolke zu schweben. Ich las mir die Prüfungsaufgaben ruhig und entspannt durch, und löste eine Aufgabe nach der anderen. Ich konnte die Fragen beantworten und es fiel mir so leicht, als wären sie für mich gemacht. Nach etwas mehr als der Hälfte der Zeit war ich fertig und kontrollierte alles nochmals. Ich brauchte nichts zu verbessern. Ich gab meine Arbeit bei der Prüfungsaufsicht ab und hatte das Gefühl, wie eine Feder so leicht aus diesem Raum getragen zu werden. Draußen ging mein Mann unruhig auf und ab. Er schaute mich fragend an. Aber an meinem strahlenden Gesicht sah er schon die Antwort auf seine Frage. Ich wusste, dass ich die schriftliche Arbeit gut gemacht hatte. Und wieder war in mir dieses sichere Gefühl, das mir sagte, „so den ersten Teil hast du geschafft".
Gut vier Wochen später bekam ich den positiven Bescheid und wurde nun zur mündlichen Prüfung eingeladen. Es ging mir so gut: ich hatte keine Angst mehr, keine Zweifel. Ein tiefes schönes Gefühl in mir sagte, „du machst das schon". Ja und dann war es soweit, an einem schönen

Morgen. Im Sonnenschein fuhren wir los. In meiner Brust war Freude und Glück, ein unsagbares Gefühl, einfach nur schön.

Im Gesundheitsamt warteten noch zwei Kolleginnen auf ihre mündliche Prüfung. Eine Hebamme, die wie ich zum ersten Mal ihre Prüfung ablegte, und eine Dipl. Psychologin, die zum zweiten Mal hier erschien. Ein Jahr zuvor hatte sie die Prüfung nicht bestanden. Ich dachte so bei mir: drei Frauen und drei Schicksale. Die erste Kollegin wurde aufgerufen und ging hinein. Nach einer Stunde kam sie freudestrahlend wieder aus dem Raum, sie hatte es geschafft. Nun war ich an der Reihe, mein Mann gab mir einen Kuss und wünschte mir alles Gute. Er tat mir so leid, denn er war aufgeregt, als ginge es um seine eigene Prüfung. Die Kollegin, die vor mir zur Prüfung war, reichte mir ihre Flasche Wasser mit den Worten „nehmen Sie die mit, Sie werden da drinnen Durst bekommen vom Sprechen, der Hals wird trocken!" Ich fand das sehr lieb von ihr, nahm die Flasche dankend an und ging mit der Flasche in der Hand in den Prüfungsraum.

Da saßen die Prüfer. Vier Männer, am Tisch vor mir, und baten mich, ihnen gegenüber Platz zu nehmen. Der Amtsarzt sprach mich an: „Alle, die zu mir zur Prüfung kommen, lernen alles über die Muskeln und Knochen auswendig. Weil sie glauben, ich als Orthopäde würde ich sie auf Knochen und Muskeln prüfen." Ja, und er hatte so Recht mit dem, was er sagte. Auch ich hatte wie eine Verrückte gebüffelt, in der Hoffnung, seine Fragen beantworten zu können. Der Amtsarzt aber stellte eine ganz andere Frage an mich. Er forderte mich auf: „Beschreiben Sie mir die Wanderung einer Blutzelle, wie sie von der rechten Großzehe aus ins Herz kommt." Mit allem hatte ich gerechnet, ich hatte die Muskeln und Knochen mit ihrem lateinischen Namen gelernt, was mir oft fast den Kopf zum Platzen gebracht hatte. Ich hatte mich so gut vorbereitet und nun das! Ich saß da wie erschlagen. Hatte das Gefühl, als würde sich eine Wand aufbauen. Ich sagte kein Wort und schaute nur an den Prüfern vorbei durch das Fenster nach draußen. Ich sah die Bäume, die grünen Blätter, die Sonnenstrahlen, die auf die Blätter fielen und ich umklammerte die Flasche Wasser mit meiner Hand, als wollte ich mich daran festhalten. Ich weiß nicht, wie viel Zeit verging, es waren sicher nur ein paar Sekunden, aber für mich schien es wie eine Ewigkeit. Die Prüfer sahen mich erwartungsvoll an. Dann ging in mir ein Licht auf und ich begann zu reden, reden, reden, wie ein Wasserfall. Ich hatte keinen Zeitbegriff mehr. Umklammerte nur die Flasche Wasser in meiner Hand ohne auch nur einen Schluck daraus zu trinken. Der Prüfer war zufrieden mit meiner Aussage. Er stellte mir noch andere Fragen, die ich gut beantworten konnte Und gab dann das Wort an die anderen Prüfer ab. Ich wurde gefragt und ich antwortete wie ein Roboter, dabei immer die Flasche Wasser fest in meiner Hand haltend. Ich hatte keinen Durst. Wie ein Kaninchen starrte ich die Prüfer an. Dann wurden alle vier still und ich saß da mit meiner Flasche Wasser und wartete auf die nächste Frage. Ich sah sie an, sie sagten nichts und dann sah ich ein Lächeln in ihren Gesichtern. Immer noch hatte ich die Flasche fest in der Hand und war bereit, auf ihre nächste Frage zu antworten. Doch sie fragten nichts. Stattdessen wurde ihr Lächeln stärker und sie nickten mir wohlwollend zu. Mir dämmerte es, aber ich traute mich nicht zu fragen. Nach für mich einer Ewigkeit ging endlich mein Mund auf und ich fragte die Prüfer:" Habe ich bestanden?"

Da lachten sie und nickten. Ich fragte wieder und wieder: „Habe ich die Prüfung wirklich bestanden?" Wieder ein Nicken und dann brach es aus mir heraus. Dreieinhalb für mich schwere Jahre brachen aus mir raus. Ich weinte und weinte, ich schluchzte. Ich konnte mich nicht mehr halten. Ich dachte, ich habe es geschafft, lieber Gott du hattest Recht. Ich danke dir, ich liebe dich unsagbar.

Die Prüfer waren doch recht besorgt über meinen aufgelösten Zustand und fragten mich, ob ich jemanden hätte, der mich nach Hause bringen könnte. Unter Schluchzen sagte ich „ja, mein Mann wartet draußen." Nachdem ich mich etwas beruhigt hatte, gratulierten sie mir und ich ging aus dem Raum. Die Flasche Wasser war immer noch fest in meiner Hand. Meine Augen voller Tränen, mein ganzes Gesicht verheult, so ging ich auf meinen Mann zu. Ich sah das Erschrecken in seinen Augen, aber ich konnte noch nicht lachen, zu sehr stand ich noch unter dem Glücksschock. Immer noch hielt ich die Flasche fest. Mein

Mann kam auf mich zu, um mich zu trösten. Er fragte mich „Und?" Unter Tränen und mit Schluchzen in der Stimme sagte ich: „Ich habe bestanden" und wieder brach es aus mir heraus. Ich heulte und heulte. Es störte mich aber nicht, denn es waren ja Glücks-Tränen. Das Gesicht meines geliebten Mannes, das ganz weiß geworden war, bekam langsam wieder Farbe. Er nahm mich in seinen Arm und hielt mich ganz fest. Er sagte zu mir "Ich bin stolz auf dich." Das tat mir unendlich gut. Nach mir kam die dritte Kollegin dran. Auch sie bestand die Prüfung und auch sie war von ihrem Mann begleitet worden. So gingen wir drei frisch gebackene Heilpraktikerinnen zusammen mit unseren Männern einen Kaffee trinken, danach trennten wir uns. Für mich war es der schönste Tag in meinem Leben. Durfte ich doch endlich auch von Rechts wegen die Leiden der Menschen behandeln und ich schwor mir, nur zum Wohle meiner künftigen Patienten zu handeln. Den Menschen als Ganzes zu sehen und mit allem, was mir an Therapiemöglichkeiten zur Verfügung stand zu helfen, seine Gesundheit und Freude am Leben wieder zu erlangen.

Praxisanfang

Ich habe in meinem Beruf eine Aufgabe gefunden, die ich mit den besten Heilmethoden zum Wohle meiner Patienten ausübe. Das ist zunächst einmal: Zuhören – Mitfühlen, danach Lösungen aufzeigen und dabei eine große Portion Zuversicht vermitteln. In den vielen Jahren, in denen ich meine Praxis führte, habe ich immer wieder erlebt, dass bei jedem Patient, der mit seinem körperlichen Leiden zu mir kam, auch in seiner Seele ein kleines oder auch größeres Feuer brannte. Oft reichte es schon aus, wenn ich mir die Zeit nahm, meinem Gegenüber ruhig zuhörte, und ihn mein Mitgefühl spüren ließ. Dann vermittelte ich ihm Zuversicht und zeigte mögliche Lösungen auf, um das kleine oder große Feuer in seiner Seele zu löschen und ich erlebte, dass auch das Leiden sich besserte. Ich kam mit der Zeit zu der Erkenntnis, dass jedes Leiden seinen Ursprung in der Seele hat. Gefühle, wie Sorgen, Ängste, Verzweiflung, oder auch Verbitterung und Schuldgefühle, - um nur ein paar krankmachende Gefühle zu nennen, waren bei jedem Leidenden zu finden. Und wenn der Patient es mit meiner Hilfe schaffte, seine negativen Gefühle in positive Gedanken zu wandeln, ging es ihm sofort besser.
Ich erkannte, dass das Immunsystem bei glücklichen und zufriedenen Menschen ausgesprochen stark in der Abwehr ist. Jedoch bei Menschen mit Ängsten, Sorgen, Verzweiflung, Verbitterung und Schuldgefühlen wird das Immunsystem in seiner Abwehr geschwächt.

Therapien in der Praxis

Medizinische Heilhypnose

Zunächst möchte ich einmal die Hypnose vorstellen, als das was sie ist: Nämlich eine der ältesten heute noch praktizierten Heilmethoden überhaupt. Die Heilhypnose blickt auf eine mehr als 4000-jährige Geschichte zurück. Sie wurde in der Antike von griechischen Priestern im Tempel angewandt. Die Menschen gingen mit ihren Beschwerden zum Tempel und wurden von den Priestern in einen schlafartigen Zustand versetzt. Das Wort „Hypnos" kommt aus dem Griechischen und bedeutet Schlaf. Hypnose ist also ein schlafähnlicher Zustand. Bereits damals nahmen die Priester mit dieser Therapie Einfluss auf alle Organe des menschlichen Körpers, wie zum Beispiel die Magen-, Darm- und Herztätigkeit, den Blutdruck, die Drüsenfunktionen, die Muskel- und Nerventätigkeit und vor allen Dingen auf das Empfindungs- und Gefühlsleben. Letzteres ist nämlich entscheidend an fast allen Krankheiten beteiligt. Oftmals ist die Heilhypnose stärker als jedes Medikament. Der große Vorteil dabei: Schädliche Nebenwirkungen wie sie leider bei vielen Medikamenten auftreten, können vermieden werden. Die Heilhypnose ist im wahrsten Sinn des Wortes eine Ganzheitstherapie. Sie erreicht nämlich den Körper, die Psyche und die Gefühle gleichermaßen.

Wie funktioniert die Heilhypnose?

Der Patient wird bei seinem ersten Besuch in meiner Praxis im Rahmen eines Gesprächs ausführlich über die Anwendung der Heilhypnose aufgeklärt und bekommt im Anschluss eine Broschüre mit nach Hause, die noch einmal ausführlich über die medizinische Heilhypnose informiert. Der Patient weiß dann im Groben, wie die Behandlung durchgeführt wird. Er soll und muss sich auf nichts einstellen. Das Vertrauen zu mir ist wichtig. Denn hat er Vertrauen zu mir, ist er auch bereit, mit zu arbeiten. Schließlich ist er es selbst, der sich gesund macht, ich helfe ihm nur dabei. Aus den Wünschen des Patienten, die vor der Behandlung besprochen wurden, wird ein Programm gemacht. Der Patient liegt bequem auf einer Liege und in diesem entspannten Zustand werden die Wünsche an das Unterbewusstsein weitergegeben. Am Ende der Therapie unterhalten wir uns dann über das aktuelle Wohlbefinden, und ich notiere mir, was dem Patienten gut getan und was ihn gestört hat. Das sind dann weitere Ansätze für die nächste Behandlung. Der Vorteil der medizinischen Heilhypnose liegt darin, dass man den Symptomen auf den Grund gehen kann. Man will die Ursachen erkennen und sie beseitigen, das ganz ohne Chemie. Ziel ist es, dem Körper die Möglichkeit zu geben, sich selbst zu heilen.

NPSO – Neue-Punktuelle-Organtherapie nach R. Siener

DNR (Darm-Nervensystem-Regenerations-Therapie)

Familien – Therapie

Nicht nur der Kranke braucht eine Therapie, sondern auch sein direktes Umfeld: die Familie und Freunde, die sich um ihn sorgen. Aber gerade für Familie und den Freunden sind es oft verzweifelte Empfindungen, so hilflos und ohne das Wissen um einen Ausweg daneben zu stehen. Alles mit anschauen zu müssen und das Gefühl zu haben, hier nicht helfen zu können. Wenn der Arzt, der doch alles wissen muss, ihnen sagt, dass er keine Möglichkeit mehr sieht. Die Angehörigen durchleben also auch das Gefühl, allein gelassen und isoliert zu sein. Sie sind dann nicht mehr in der Lage, dem Kranken die Motivation zu geben, die er so nötig braucht. Und der Kranke fällt in ein tiefes Loch und resigniert. Seinem Gefühl nach ist niemand mehr da, der ihm helfen könnte. Wie soll auch der Kranke erkennen, welche Möglichkeiten es für ihn noch gibt? Wenn alle um ihn herum verzweifeln. Es sind die Gefühle der Verzweiflung, der Hoffnungslosigkeit. Gefühle wie Resignation, sich einfach in seinem Schicksal zu ergeben.

Diese negativen Gefühle strömen in jede Körperzelle und blockieren die Immunabwehrzellen, die dann nicht mehr in der Lage sind, den Körper ausreichend zu verteidigen. Es fällt uns in Gedanken leichter, den „kranken Weg" zu gehen, als daran zu glauben, dass aus jeder Krankheit ein gesunder Weg herausführt: Ein Weg der Hoffnung und Zuversicht. Unser Körper ist perfekt von der Natur ausgestattet. Keine Klinik hier auf Erden, hat so viel Material zur Verfügung, um eine Erkrankung auszuheilen, wie unser Körper. Wenn unser Körper einen gebrochenen Knochen heilt, warum gilt das nicht als Wunder? Der Heilungsprozess ist höchst komplex.

Die Medizin kann es nicht ausreichend beschreiben. Sie kann diesen Vorgang nur in groben Zügen darstellen. Ein Knochenbruch heilt einfach von ganz allein. Wir machen uns keine Gedanken darüber, wie der Körper das wohl geschafft hat. Warum fällt es uns so leicht, bei einem Knochenbruch - abgesehen vom ersten Schmerz - weiterhin fröhlich zu bleiben? Weil niemand daran zweifelt, dass so ein Bruch heilt. Kein negatives Gefühl behindert den Körper bei seiner Arbeit.

Der Organismus kann hier in Ruhe seine so lebenswichtige Aufgabe erfüllen. Im Gegenteil - wir haben Spaß, wenn Freunde ihre Namen auf den Gips schreiben. Gerade dieses Gefühl der Freude braucht der Körper, um noch schneller zu heilen. Ein optimistischer Mensch wird seltener krank und wenn er mal krank wird, dann wird er viel schneller gesund.

Die Familie und die Freunde sind an der Genesung eines Kranken beteiligt. Darum brauchen auch sie eine Behandlung, um Hoffnung und Zuversicht aufzubauen und den Kranken damit unterstützen.

NPSO – Neue punktuelle Schmerz- und Organtherapie nach Rudolf Siener

Die NPSO ist eine Behandlungsmethode, die Schmerzen und Funktionsstörungen des Organismus schnell und völlig risikolos beseitigen kann. Entwickelt und entdeckt wurde diese Therapie von dem Heilpraktiker Rudolf Siener. Es handelt sich dabei um eine so genannte fotobiologische Therapie. Unter fotobiologischer Heilung verstehen wir bestimmte Formen der Reiztherapie durch die Einwirkung von Licht.
Monochromatisch ist ein einfarbiges Licht, von dem es verschiedene Arten gibt. Relativ neu ist jedoch die Anwendung von Lumineszenzdioden, auch Leuchtdioden (LED) genannt.
Leuchtdioden werden in der Elektronik für Anzeige und Impulsübertragungsaufgaben eingesetzt. Für die Therapie verwendet man LED einer neuen Generation mit ca. 30-facher-Lichtausbeute gegenüber gewöhnlichen Leuchtdioden. Sie geben ein monochromatisches Rotlicht ab, dessen Wellenlänge im therapeutisch besonders-wirksamen Bereich von 650 Nanometer liegt.
Diesen Bereich bezeichnet man als physiologisches Rot, ähnlich wie das Licht des Helium-Neon-Lasers. Es besteht jedoch gegenüber dem Laser der Vorteil, dass Schädigungen durch fehlerhafte Anwendung ausgeschlossen sind und die bei Laseranwendungen notwendigen Schutzmaßnahmen entfallen können. Die Behandlung mit gepulstem Lumineszenzlicht kann daher nach bisherigen Erfahrungen als der Königsweg fotobiologischer Therapie bezeichnet werden. Das Licht der LED wird nicht durch einen Glühfaden, sondern durch einen sogenannten Lumineszenzeffekt erzeugt. Das entspricht einem elektrischen Entladungsprozess im molekularen Bereich.
In unserem Körper gibt es sogenannte Mikrosystem-Areale, das sind Felder, die im Kleinen und natürlich unsichtbar den gesamten Körper in seinem anatomischen Aufbau und in seiner Funktion widerspiegeln. Über diese Areale können dann gesundheitliche Störungen behandelt werden. Rudolf Siener fand ein Mikrosystem an den Extremitäten, vor

allem an den Unterschenkeln und Füßen. Es wird also nicht am Ort des Schmerzes behandelt oder in Organnähe, sondern in der Peripherie.
Innerhalb eines Schmerzareals gibt es ein oder mehrere Schmerzzentren. Von jedem dieser Zentren aus geht eine sogenannte energetische Linie zur Peripherie. Mit einem Hautwiderstandsmessgerät lässt sich dann der maximale Energiepunkt finden.
Dieser, bzw. diese Punkte werden mit einem monochromatischen, d.h. einem einfarbigen Licht ähnlich dem Laserlicht behandelt. Das ist schmerzfrei und ungefährlich für den Patienten. Die NPSO hat dabei eine regulierende Wirkung. Das bedeutet, dass der Schmerz nicht einfach betäubt oder das Symptom unterdrückt wird. Der Erfolg wird dadurch erzielt, dass der Körper mit der Therapie heilende Informationen erhält, damit er sich selbst wieder besser regulieren kann.
Es geht bei dieser Methode um eine ursächliche Therapie und nicht um die Beseitigung lästiger Symptome. Die Behandlung erfolgt in der Regel von den Füßen – Beinen – Knien und Händen aus. Zudem werden bei Bedarf am ganzen Körper werden weitere Energiepunkte gesucht und behandelt.

Dr. Bach Blüten-Therapie

Dr. Edward Bach widmete sein ganzes Leben der Heilkunst. Sein ganzes Interesse galt zunächst der Erforschung der menschlichen Darmflora. Es gelang ihm, aus der Vielfalt von Darmbakterien sieben bedeutsame Gruppen herauszufinden. Die Bach-Nosoden. Dr. Bach behandelte mit Erfolg viele Menschen mit den Nosoden. Mehr als 700 Ärzte aus aller Welt suchten bei ihm Rat, ließen sich von ihm zum Teil sogar weiterbilden. Bei der Behandlung von Patienten machte Dr. Bach die Entdeckung, dass jede einzelne dieser sieben Nosoden-Gruppen auf bestimmte Gefühlszustände des Patienten ansprachen.
Er beobachtete die negativen Gefühlszustände des Patienten und verschrieb die darauf ansprechenden Nosode. Trotz seiner großen Erfolge und der damit erlangten Berühmtheit spürte er, dass er die ideale Medizin noch nicht gefunden hatte. Statt sich weiter mit den Darmbakte-

rien zu beschäftigen, fing er an, sich für die reinen Heilkräfte der Natur zu interessieren. In jeder freien Minute suchte er fortan nach Pflanzen und Kräutern, die mit ihren natürlichen Heilkräften die Darm-Nosoden ersetzen sollten. Dr. Bach gab seine beiden gutgehenden Praxen in London auf und zog aufs Land, um im Frühjahr und Sommer intuitiv nach den wirksamsten Heilkräften zu suchen. In den Blüten bestimmter wilden Blumen fand er sie schließlich. Während dieser Zeit entdeckte er auch die Sonnenmethode. Das bedeutet, es gelang ihm unter Zuhilfenahme der reinen Sonnenstrahlen, die Heilkräfte der Blüten direkt auf das dazu genommene frische Quellwasser zu übertragen. Für die wilden Blüten der Bäume benutzte Dr. Bach die Kochmethode, um die Heilkraft auf das Wasser zu übertragen. Mit den so im Frühjahr und Sommer hergestellten Blütenessenzen behandelte er im Winter seine Patienten mit großem Erfolg. In den nun folgenden Jahren suchte und fand er 38 Blüten-Essenzen. Jede dieser 38 Blütenessenzen brachte er mit einem negativen Gemütszustand in Verbindung, den es auf der ganzen Welt gibt und bei jedem Menschen zu finden ist.

Die Wirkung der Bach – Blüten

Es ist das Bestreben der Wissenschaft, den Nachweis zu erbringen, dass das Leben ein Zustand der Harmonie, des Gleichklangs ist. Krankheit entspricht somit einem Missklang. Einem Zustand also, in dem ein Teil des Ganzen nicht im Gleichklang mit seiner Umgebung schwingt.
Seelische Störungen wie Ängste, Depressionen und Sorgen teilen sich über das Nervensystem dem physikalischen Körper mit. Dort verursachen sie eine Störung der Organtätigkeit und führen zu einem Vitalitäts- und Spannungsverlust in den Geweben. Die pflanzlichen Heilmittel haben die Kraft, die Schwingungsfrequenz in unserem Körper zu erhöhen und so den Gleichklang wieder herzustellen. Wir leben in einer Zeit, in der sich die traditionelle Medizin beinahe ausschließlich auf die Entwicklung neuer Untersuchungsmechanismen komplexer Pharmaka und die Abläufe in Großkliniken richtet. Immer weniger Zeit

wird dem Patienten und der Suche nach der Ursache der Krankheit gewidmet. Der Patient wird zur anonymen Person abgestempelt, dessen Erkrankung ein oder mehrere Symptome zugrunde liegen. Diese Symptome werden behandelt, das heißt, sie werden bekämpft, unterdrückt oder weggeschnitten. Unsere technisierte Medizin bekämpft die Krankheit, dem Kranken aber wird die Chance genommen, sich mit seiner Krankheit auseinanderzusetzen und somit die unverarbeiteten Probleme seines Lebens wahrzunehmen. Unsere Gemütsverfassung steht in direkter Verbindung zur Gesundheit unseres Körpers. Wenn unsere Psyche nicht gesund ist, folgt der Körper! Psychosomatik nennt man diese Wechselwirkung, - ein zwar häufig gebrauchtes Wort, dem aber in der Vergangenheit relativ wenig Aufmerksamkeit geschenkt wurde. Voraussetzung für die Behandlung mit den Blütenessenzen ist eine ehrliche Diagnose. Auf Grund dieser aufrichtigen Einschätzung sollte es möglich sein, die richtige Blütenessenz zu wählen. Krankheit ist weder Grausamkeit noch Strafe, sondern einzig und allein ein Korrektiv, ein Werkzeug, dessen sich unsere eigene Seele bedient, um uns auf unsere Fehler hinzuweisen. Um uns von größeren Irrtümern zurückzuhalten und um uns daran zu hindern, mehr Schaden anzurichten. Im Grunde soll eine Krankheit uns auf den Weg der Wahrheit und des Lichts zurückzubringen, von dem wir nie hätten abkommen sollen. Edward Bach!
Die DNR-Therapie ist eine Licht-Magnet-Therapie, die den Darm und das Nervensystem regeneriert.

Der Darm

Der Darm mit seinen über 100 Millionen Nervenzellen ist sozusagen ein autonomer Staat im Körper des Menschen. Er arbeitet selbständig und unabhängig von anderen Organen. Diese Tatsache macht ihn somit zum mächtigen Verbündeten des Nervensystems im Kopf. Das Ziel dieser beiden Nervensysteme ist es, die Körperfunktionen zu kontrollieren und zu regulieren. Beim gesunden Menschen erfolgt dies

Tag und Nacht, unermüdlich und automatisch, ohne dass der Mensch die Steuerung wahrnimmt. Negative Erlebnisse im Leben eines Menschen führen zur Ausschüttung von Stresshormonen, die letztlich eine Verengung innerhalb des Binde- und Muskelgewebes erzeugen. Wird dieses negative Erlebnis gut verarbeitet, stoppt die Ausschüttung von Stresshormonen, das Muskel- und Bindegewebe entspannt sich, und sauerstoffreiches Blut kann wieder frei durch die Blutgefäße zirkulieren, so dass alle Körperzellen mit lebenswichtigem Sauerstoff versorgt werden.

Wie so oft im Laufe eines Lebens wird nicht jedes Erlebnis, das mit starken Gefühlen einhergeht, verarbeitet. In der Regel versucht der Mensch, negative Erlebnisse zu verdrängen und will nach Möglichkeit nicht mehr daran erinnert werden. In den Nerven, die sich zu Millionen in der Darmschleimhaut befinden, wird jedes Erlebnis gespeichert. Wie bei einem Computer, der gelegentlich abstürzt, kommt es auch hier zum Absturz. Die Nerven können nicht mehr bestimmungsgemäß reagieren, sondern sie blockieren und es kommt zu Fehlreaktionen im Nervensystem des Darms. Solche Fehlreaktionen werden dem Nervensystem im Gehirn durch Nervenimpulse mitgeteilt, so dass dann eine Kette von Fehlreaktionen entsteht.

Da aber jedes Organ im Körper exakte Anweisungen benötigt, um gesund zu funktionieren, kommt es zu körperlichen Störungen: zunächst Unwohlsein, Müdigkeit, Unlust, bis hin zu Ängsten jeder Art. Wird diese Störung nicht erkannt und behoben, erkrankt später auch das Organ selbst.

Die DNR – Therapie

Die Therapie erfolgt als sanfte Massage mit einem Ringmagnetkopf von ca. 5 cm Durchmesser. Am Rand des Ringmagneten befinden sich kleine Leuchtdioden aus monochromatischem Licht. Nordpol und Südpol im Magnetkopf sind beide auf den Patienten gerichtet. Dazu streicht man mit dem Magnetkopf in sanften, links herum kreisenden

Bewegungen über die gesamte Bauchdecke des Patienten. Licht- und Magnetwellen treffen auf die Körperzellen und reaktivieren dabei gezielt die blockierten Zellen. Eine gesunde Zelle ist ständig in Schwingung und sendet die erhaltenen Signale reibungslos weiter an die nächste Zelle. Blockierte Zellen dagegen sind erstarrt und geben die erhaltenen Signale nur mangelhaft oder gar nicht weiter. Licht- und Magnetwellen stimulieren die inaktiven Zellen so stark, dass sie sich öffnen und wieder aktiv werden. Die Suche nach den inaktiven Zellen erfolgt mit einem Mikrophonstetoskop an einer beliebigen Stelle auf der Bauchdecke. Lokalisieren die Magnetwellen eine Störung, so wird sie damit hörbar gemacht. Die Geräusche zeigen immer eine Verhärtung oder Verkrampfung des Bindegewebes an.

Man beginnt mit der Therapie am Rippenbogen unter der linken Brust, folgt dann der Lage des Magens, der Bauchspeicheldrüse, der Milz und des Querdarms. Danach folgt man dem absteigenden Dickdarm und streicht langsam nach unten hin bis zum Mastdarm. Weiter streicht man in sanften, wieder links herum kreisenden Bewegungen über den Dünndarm, geht dann hinüber auf die rechte Unterbauchseite, folgt dem aufsteigenden Dickdarm hinauf, schließlich der Gallenblase und der Leber. Bei fast allen Patienten finden sich auf der linken Bauchseite von der Brust bis zum Mastdarm die meisten Verhärtungen. Trotzdem ist jeder Patient individuell zu behandeln. Während bei dem einem Patienten die starken Störungen mehr im Milz-Querdarm-Bereich liegen, finden sich solche Blockaden bei einem anderen Patienten mehr im Unterbauch-Dickdarm-Mastdarm. Oder nur im Magen-Dünndarm-Bereich. Wichtig ist es, nach der Bauchbehandlung auch den Kopf zu behandeln. Die Behandlung richtet sich auf die Partien Stirn- / Schläfen- und Nasenbein sowie Ober- und Unterkiefer, Halsschlagader, Luft- und Speiseröhre und die Halswirbelsäule. Während der Behandlung kommt es zu Geräuschen aus dem Darm. Dadurch zeigt das Nervensystem im Bauch an, dass eine Störung vorliegt. Das heißt, auch wenn der Behandler mit dem Magnetkopf über die Stirn streicht, wird jede Störung, sogar eine Störung in diesem Bereich, vom Bauch mit Blubbern usw. angezeigt. Das Geräusch zeigt u.a. an, wie schnell die Nerven auf die Magnetwellen reagieren. Ist die Störung behoben, verstummen auch die Geräusche. So werden auch eventuelle Narben am Körper mit dem Magnetkopf behandelt und stets ist dabei die Aufmerksamkeit auf die Geräusche aus dem Bauch gerichtet. Es kann schon gleich zu Beginn der Behandlung zu Geräuschen aus dem Darm kommen, die sich in Form von Blubbern, Quietschen, Krachen, Ächzen und sogar Knallen äußern. Die Geräusche sind oft so laut, dass sie auch ohne Lautsprecher im Raum hörbar sind. Patienten berichten manchmal sogar, , dass sie, bevor es zur Entladung kommt, ein leichtes Ziehen unter dem Magneten gespürt haben. Eine entspannte Haltung der Patienten zeigt an, dass es während der Behandlung zur Ausschüttung von körpereigenen Morphinen kommt. Der Behandelte fühlt sich wohl, ist entspannt und wird müde. Häufig schlafen die Patienten während der Behandlung ein.

Wenn das Nervensystem im Darm zur Ruhe kommt, sendet es die Entspannungssignale ins Gehirn. Gedanken werden ausgeblendet, der Kopf wird frei.

Wirkungsweise der Therapie

Mit der DNR-Therapie (=Darmnervenregeneration) hat der Therapeut eine effektive und sanfte Therapie zur Hand, die ihm eine Stimulierung der Nerven in der Darmschleimhaut ermöglicht. Durch diese Stimulierung der blockierten Nerven werden Botenstoffe ausgeschüttet, die eine gesunde Regulierung im Körper in Gang setzen. Die Ausschüttung von Serotonin etwa begünstigt die Peristaltik im Darm. Das bedeutet, der Darm bewegt sich wieder gleichmäßig und erfüllt seine Funktion. Alle den Darm belastenden Gifte können wieder vollständig ausgeschieden werden. Es kommt zur Ausschüttung von körpereigenen Opiaten, den auch als „Glückshormon" bekannten Stoffen wie beispielsweise Serotonin. Diese sorgen für eine Muskel- und Bindegewebsentspannung in allen Organen. Ebenso wie zuvor vom Darm Fehlreaktionen seines Nervensystems an das Hirnnervensystem weitergeleitet wurden, werden nun wieder gesunde Impulse dorthin gesendet. In der Folge kommt es zu Entspannung. Venen und Arterien weiten sich, das Immunsystem ist wieder intakt, d.h. es erkennt sofort jede Störung im Körper und beseitigt sie.

Störfaktor Nummer 1: Emotionaler Stress

Emotionaler Stress tritt in zwei grundlegenden Formen auf, akut und chronisch. Der Mensch ist so veranlagt, dass er akuten Stress sehr viel besser bewältigen kann als chronischen Stress. Der Körper reagiert auf Stress durch die Aktivierung einer Reihe von Mechanismen, die allgemein unter der Bezeichnung „Kampf oder Flucht" bekannt sind. Dabei werden zwei Reaktionsweisen beobachtet: Zum einen besteht eine direkte Verbindung zwischen dem Gehirn und dem Herzen. Dieser Teil des Nervensystems stimuliert Rezeptoren im Herzen, die es veranlassen, Takt und Frequenz zu erhöhen (wodurch jedoch auch ein Spasmus der Koronar-Arterien ausgelöst werden kann).
Des Weiteren gibt das Gehirn anderen Organen, wie z.B. Nebennieren, die Botschaft, Stresshormone wie Adrenalin und Steroide wie Cortisol auszuschütten, die im Blut zirkulieren. Bei akutem Stress schüttet der Körper verstärkt Adrenalin und Noradrenalin aus. Chronischer Stress hat dagegen eine Erhöhung der Cortisol-Produktion zur Folge. Als Folge der Signale, die der Körper durch die Hormone erhält, kommt es zu einer Reihe physiologischer Reaktionen:
Durch die Kontraktion der Muskeln verstärkt sich der Körperpanzer - der Mensch ist besser vor körperlicher Verletzung geschützt. Der Stoffwechsel arbeitet schneller und stellt so mehr Kraft und Energie für Kampf- und Fluchtreaktionen zur Verfügung.
Die Herzfrequenz erhöht sich, so dass eine erhöhte Sauerstoffaufnahme erfolgt, um das Leistungsvermögen bei Kampf oder Flucht zu steigern. Das Verdauungssystem stellt den Betrieb der sonst für die Nah-

rungsverarbeitung benötigten großen Muskeln ein, damit ihnen bei Kampf oder Flucht mehr Blut und Energie zufließen kann. Die Arterien in Armen und Beinen verengen sich und das Blut gerinnt schneller, um den möglichen Blutverlust bei Verletzungen oder Wunden auszugleichen. Diese Mechanismen haben sich im Lauf der Evolution über Jahrtausende entwickelt, um unser Überleben zu sichern. Sie funktionieren am besten, wenn die Gefahr eindeutig, überschaubar und von kurzer Dauer ist. Beispiel: Beim Überqueren der Straße sehen Sie aus den Augenwinkeln ein Auto mit großer Geschwindigkeit herankommen. Ihre Muskeln ziehen sich automatisch zusammen. Sie spüren eine plötzliche Energieaufwallung und machen einen großen Sprung rückwärts. Ist die Gefahr vorüber, erleben Sie die Entspannung Ihrer Nerven: Sie fühlen eine momentane Schwäche, haben "weiche Knie", zittern. Ihre Muskeln entspannen sich und Ihre Arterien erweitern sich wieder. Nach wenigen Minuten kehren Sie wieder in die Basisruhe zurück. In unserer modernen Zeit tritt der emotionale Stress eher in chronischer als in akuter Form auf. Das Lebenstempo hat sich in den letzten 20 Jahren um ein Vielfaches erhöht. Der Mensch sieht sich dem mächtigen Gegner Stress hilflos ausgeliefert. Er kann nicht weglaufen, fliehen, denn der Stress ist ein Begleiter im Alltag. Der Mensch kann nicht gegen ihn kämpfen, denn so würde er sich selbst verletzen.

Wenn die Stressmechanismen chronisch aktiviert sind, können dieselben Reaktionen, die eigentlich einen Schutz darstellen sollen, sich schädlich und sogar tödlich auswirken.

Zu chronischem Stress kommt es erst, wenn der Mensch die Fähigkeit verliert, in die Basisruhe zurückzukehren. Als Folge chronischer Stressreaktionen kommt es zu Ängsten, Schlaflosigkeit, Koronarspasmen und schnellerer Blutgerinnung. Dabei werden auch Cortisol und andere Steroide vom Körper verstärkt ausgeschüttet. Sie können Schädigungen des Immunsystems nach sich ziehen.

Die Arterien ziehen sich nicht nur in Armen und Beinen zusammen, sondern auch im Herzen. Die Gefahr, dass sich Blutgerinnsel in unseren Koronararterien bilden, steigt. In Zeiten chronischer Belastung durch Stress kommt es zu einer Verkrampfung des überwiegenden

Teils der Hauptfunktionsmuskulatur unseres Bewegungsapparates (die Verspannung zeigt sich spürbar als Nacken-, Schultern- und Rückenschmerzen). Ebenfalls betroffen ist die glatte Muskulatur an den Innenwänden der Arterien, bis hin zur Verkrampfung der Muskelfasern des Herzens selbst. Die ideale Lösung wäre, auf Herausforderungen und schwierige Situationen schnell und richtig zu reagieren, und sich dann wieder zu entspannen. Da der chronisch gestresste Mensch sich jedoch in einer Falle befindet, müssen andere Wege gesucht werden, um Entspannung herbei zu führen. Egal wo sich der Schmerz oder die Entzündung befindet, die mächtige Nervenzentrale im Darm ist immer über alles informiert. Hier sitzt die Schaltzentrale, bei der jede Störung im Körper gemeldet wird. Von dieser Schaltzentrale aus kann jede gesundheitliche Störung auch wieder beseitigt werden.

Die DNR – Therapie nach A. Görres

Beschreibung und Erklärung des Wirkungsprinzips von

Dr. med. Ute Jachmann-Jahn

Der ursprünglich gewählte Name für die Therapie „Darmnervenregeneration" entstand aufgrund der ersten Beobachtungen von A. Görres, dass die kombinierte gezielte Applikation von gepulstem Licht und gepulstem Magnetfeld zu einer gesteigerten Peristaltik (Darmbewegung) führt, die mit einem auf dem Bauch angesetzten Stethoskop deutlich zu hören ist. Die Erklärung, dass unsere Behandlungserfolge nur allein auf eine Normalisierung der Darmnervenfunktion zurückzuführen seien, stellte mich nicht zufrieden. Denn gerade akute Beschwerden, wie zum Beispiel Myogelosen, Intercostalneuralgien, Lumboischialgien oder Sportverletzungen konnte ich nicht mit einem gestörtem Darmnervensystem in Zusammenhang bringen. Obwohl gera-

de in diesen Fällen, sehr gute und vor allem schnelle Erfolge mit der Behandlung zu erzielen sind.
Zum anderen - wenn wirklich nur die Darmnervenfunktion gestört sein soll, dann müssten wir bei jedem Patienten mit dem gleichem Behandlungsschema erfolgreich sein. Das aber stimmt nicht.
Welcher Wirkmechanismus liegt dieser Therapie also zugrunde?
Die Erklärung lieferte uns die Arbeit mit den Patienten: Uns fiel auf, dass die ungezielte Behandlung des Bauches wenig Erfolg zeigte. Vielmehr konnten wir eine gesteigerte Peristaltik beobachten, wenn wir ganz bestimmte Bereiche/Punkte behandelten. Interessant dabei ist, dass diese sich überwiegend darmfern befinden. Mit der Zeit ließ sich für bestimmte Erkrankungen ein stets wiederkehrendes Behandlungsmuster erkennen. Neben der lokalen Behandlung, also den Bereichen wo die Beschwerden angegeben werden, stimulieren wir überwiegend Akupunkturpunkte;
Durch die komplexe Verbindung der Nervenfasern untereinander kommt es unter anderem auch zu einer Stimulation des Darmnervensystem, die zu einer starken Serotoninausschüttung führt, Serotonin wiederum bewirkt eine gesteigerte Darmtätigkeit und somit eine Zunahme der Darmgeräusche. Diesen Effekt machen wir uns zunutze. Anhand der Darmgeräusche ist es uns möglich, die richtigen Stimulationspunkte zu lokalisieren und die Therapie zu überprüfen.

Der Praxisanfang

Nun war ich Heilpraktikerin und hatte natürlich den Wunsch, meine Praxis so schnell wie möglich zu eröffnen. Es begann eine betriebsame Zeit voller Vorfreude, in der ich gemeinsam mit meinem Mann überlegte und plante. „Soll ich mir Praxisräume anmieten, oder realisieren wir sie in unserem Haus? Wenn im Haus, welche Räume nehmen wir dazu? Wie sollen sie farblich gestaltet werden und wie werde ich sie ausstatten? Brauche ich noch dieses oder jenes medizinische Gerät?" Und so weiter und so weiter. Mein Mann sagt schließlich zu mir: "Lass mich nur machen, du bekommst die schönsten Praxisräume, die du dir nur vorstellen kannst". Und ungeduldig harrte ich der Dinge, die da kommen sollten.

Wenige Tage nach diesem Ausspruch rückten Arbeiter an und begannen, in den drei dafür bestimmten Räumen im ersten Obergeschoss unseres Hauses mit ihrer Arbeit. Bodenbeläge und Tapeten wurden entfernt, riesige Pakete mit Fliesen und Deckenpaneelen wurden hereingeschleppt, Farbeimer standen in allen Ecken und man hörte es im Hause nur noch hämmern, sägen und werkeln. Wenn ich dann die Fachleute befragte, wie dieses oder jenes denn gemacht werden solle, und welche Ausführung da oder dort hinkomme, sagten sie nur: "Da müssen Sie ihren Mann fragen, das Ganze ist sein Plan und danach müssen wir arbeiten, davon weichen wir nicht ab". Mit jedem Tag, der verging, sah man mehr und mehr, wie alles werden sollte. Ich freute mich riesig, als die Praxisräume dann fertig waren. Hatte mein Mann ihnen doch genau die Atmosphäre gegeben, die ich mir vorgestellt hatte. Jeder Patient soll sich in meiner Praxis geborgen und wohl fühlen. Um die Zeit während des Umbaus nicht nutzlos zu verbringen, suchte ich nach Therapien, die meinen Vorstellungen entsprachen. Auf einem Heilpraktiker-Kongress in Düsseldorf hörte ich einen Vortrag über die medizinische Heilhypnose. Bei dieser Therapie hatte ich ein gutes Gefühl und meldete mich spontan zur Ausbildung an. Ich ahnte damals noch nicht, dass es später einmal die erfolgreichste Behandlungsmethode in meiner Praxis werden sollte.

Die Hypnose ist eines der ältesten Heilverfahren der Welt. Es fanden sich schon Darstellungen einer Hypnosesitzung aus der Zeit um 6000 vor Christus in Ägypten und Babylon. Hypnose ist abgeleitet vom altgriechischen Wort Hypnos, was Schlaf bedeutet. Damit hat aber die medizinische Heilhypnose nichts zu tun. In der Hypnose wird nur die Aufmerksamkeit gefangengenommen, wie etwa beim Hören guter Musik. Der Zustand der Hypnose ist aber gleichzeitig eine besondere Form von Wachheit. In diesem Trancezustand ist die Bereitschaft und die Aufnahmefähigkeit für Suggestionen besonders hoch.

Voraussetzung für das Gelingen einer Hypnose-Therapie ist einerseits das unabdingbare Vertrauen des Patienten in den Therapeuten, anderseits eine klare innere Einstellung des Therapeuten zu seinem Patienten. Das Gespür des Therapeuten in die speziellen Eigenarten jedes einzelnen Menschen in der Behandlung erfordert tiefe Menschenkenntnis. Der Patient liegt in einem leicht abgedunkelten Raum, der alle Sinnesreize von der äußeren Umgebung einschränkt. Leise, meditative Musik erhöht die Einstimmung auf das Unterbewusstsein. Weil sich alle Erkenntnisse in den Tiefen unserer Seele in bildhafter Form vollziehen, kann man längst vergangene Szenen wieder vor dem inneren Auge in Erinnerung rufen. Was im Tagesbewusstsein unzugänglich scheint, kann im hypnoiden Zustand wieder in Erinnerung gerufen werden. Hypnose-Therapie erschließt jenen unerschöpflichen Speicher an Informationen in uns, den wir bereits in der vorgeburtlichen Phase unseres Lebens zu füllen beginnen. Diese Therapie machte es mir möglich, Zugang zu den seelischen Tiefenbereichen zu bekommen, die niemals ein Chirurgenmesser oder ein Medikament erreichen können. Die Befürchtungen des Laien, in einen unkontrollierten Zustand zu geraten, ist häufig auf alberne Jahrmarktexperimente zurück zu führen. Zwei Gesetzmäßigkeiten machen diese Ängste vollkommen überflüssig. Erstens ist es selbst in der tiefsten Hypnose nicht möglich, einem Menschen ein Geheimnis zu entlocken, das er nicht preisgeben will. Allein der Versuch dazu hebt die Hypnose sofort auf und versetzt den Patienten in einen hellwachen Alarmzustand. Zweitens arbeitet die moderne Hypnose-Therapie ausschließlich mit positiven Suggestionen und zielt nicht darauf ab, jemanden zu manipulieren.
Bis zu diesem Tag, als ich auf dem Kongress mit der Heilhypnose in Berührung kam, hatte die Hypnose für mich etwas Unheimliches und Macht ausübendes an sich gehabt. Als Laie hatte ich die Vorstellung, dass ich durch die Hypnose in einen Zustand gebracht werde, in dem ich nicht mehr Herr meiner Sinne bin. Vor Jahren hatte ich auf einem Jahrmarkt ein Hypnoseexperiment live miterlebt. Ganz normale Menschen, die vor mir in der Reihe saßen, wurden auf die Bühne geholt und man brachte sie dazu, dass sie wie kleine Schweine quiekten und

grunzten. Ich bekam Angst vor der Hypnose und vor den Menschen, die solche Macht auf andere ausübten. Von diesem Tag an machte ich einen großen Bogen, um alles, was mit der Hypnose zu tun hatte. Nun hörte ich wieder etwas über die Hypnose. Aber diesmal nannte es sich medizinische Heilhypnose. Das machte mich neugierig. Ich fragte mich, ob man denn noch etwas anderes damit tun konnte, als nur Menschen wie Tiere zu manipulieren.

Ich hörte, dass die medizinische Heilhypnose mit ihrer mehr als 6000 Jahre alten Geschichte eines der ältesten Heilverfahren überhaupt sei. Und dass die Hypnose einen wunderbaren Zugang zu unseren seelischen Bereichen, zu unseren Gefühlen bietet. Kein Chirurgenmesser oder Medikament erreicht diese Tiefe. Weiter hörte ich, dass die Hypnose viel effektiver als alle anderen psychotherapeutischen Verfahren wirkt.

Meine Angst vor der Hypnose wurde mir genommen. Man sagte mir, dass zwei Gesetzmäßigkeiten meine Angst vor der Hypnose vollkommen überflüssig machen. Erstens ist es selbst in der tiefsten Hypnose nicht möglich, einen Menschen zu Aktionen zu veranlassen, die er nicht auch im wachen Zustand tun würde. Zudem kann man ihm kein Geheimnis entlocken, das er nicht preisgeben will. Allein der Versuch dazu hebt die Hypnose sofort auf und versetzt den Patienten in einen hellwachen Alarmzustand. Das heißt aber auch, er wird nur jene positiven Suggestionen annehmen, die sein Unterbewusstsein akzeptiert hat, etwas was er sich selber sehnlichst herbeiwünscht. Die zweite Gesetzmäßigkeit – und das war entscheidend für mich – die medizinische Heilhypnose wird ausschließlich zur Gesundung des Menschen eingesetzt und hat nicht vor, jemanden zu manipulieren. Man kann mit dieser Therapie gezielt jedes erkrankte Organ ansprechen. Durch positive Worte, die über das Gehör weiter ins Gehirn geleitet werden, werden dort Bewegungsprozesse erreicht und gesteuert. Das Gehirn sendet daraufhin Nervenimpulse mit den positiven Informationen in jede Körperzelle und die Zellen reagieren darauf. Sie beginnen sich selbst zu reparieren, um wieder in einem gesunden Rhythmus miteinander zu arbeiten. Damit diese Therapie zum Erfolg führt, ist es wichtig, dass der Patient volles Vertrauen zu seinem Therapeuten hat. Der Therapeut empfindet ein tiefes Gefühl der Verantwortung für seinen Patienten. Ein gutes Selbstbewusstsein ist wichtig, und die Zuversicht, jeder möglichen Situation auch gewachsen zu sein. Von ihm wird ein großes Feingefühl verlangt, sein Gespür für die speziellen Eigenarten jedes Patienten erfordert tiefe Menschenkenntnis. Diese erforderlichen Voraussetzungen sind wohl die bedeutendsten Bedingungen für einen Behandlungserfolg. In keiner anderen medizinischen Methode sind sie von ähnlich großem Gewicht. Denn durch die liebevolle Hinwendung und durch seine seelische Ausgeglichenheit erschließt sich dem Therapeuten auch ein leidgeprüfter, oft verschlossener Patient. Die Hypnosetherapie ist kein Abspulen eines vorfabrizierten Textes und es gehört viel seelische Kraft und Aufmerksamkeit dazu, das Unterbewusstsein eines Patienten mit neuem, positiven Leben zu inspirieren.

Das war also die medizinische Heilhypnose. Diese Therapie entsprach meinen Ansichten. Auch ich wollte dem Menschen helfen, das zu erreichen, was er sich selbst sehnlichst wünscht. Peter Berg, ebenfalls Heilpraktiker und Ausbilder vom Verband der Deutschen Heilpraktiker, bei dem ich die medizinische Heilhypnose erlernte, war ein einfühlsamer und umsichtiger Mensch. Er lehrte uns Achtung vor jedem Patienten zu haben und behutsam mit jedem uns Anvertrauten umzugehen. Er lehrte uns die Regeln, die wir stets beachten sollten und die ich bis heute nicht vergessen habe. Ich sehe noch heute die sogenannte Couch, an der wir die Praxis erlernten.

Der Patient liegt in einem ruhigen, leicht abgedunkelten Raum, der alle Sinnesreize von der äußeren Umgebung her einschränkt. Leise, meditative Musik erleichtert die Einstimmung auf das Unterbewusstsein. Langsam beruhigt sich innerlich alles und Ruhe kehrt ein, wo Unruhe herrschte. Dann folgen beruhigende Anweisungen, die helfen sollen, sich zu entspannen. Der Patient hat das Gefühl, in einem angenehmen Zustand zwischen Wachen und Schlafen zu schweben und ist auf wohltuende Weise nur noch über das Ohr mit der Außenwelt und der Stimme des Therapeuten verbunden. In diesem Zustand ist sein Gedächtnis und seine seelische Kraft frei von den Einengungen und Ablenkungen des Tagesgeschehens. Verdrängte seelische Bereiche werden wieder zugänglich gemacht und er erinnert sich an scheinbar vergessene Ereignisse, selbst wenn sie Jahre zurückliegen. Alles, was wir in unserem Leben erleben, läuft in der Tiefe unserer Seele in bildhafter Form ab. Im hypnoiden Zustand können längst vergessene Ereignisse wieder vor dem inneren Auge in Erinnerung gerufen werden. Die Hypnosetherapie öffnet einen unerschöpflichen Speicher an Informationen in uns, den wir bereits in der vorgeburtlichen Phase unseres Lebens zu füllen begonnen haben.

Die Verantwortung, die ein ethischer Hypnosetherapeut gegenüber einem Patienten hat, setzt das Selbstvertrauen voraus, jeder möglichen Situation auch gewachsen zu sein. Von ihm wird großes Feingefühl verlangt. Sein Gespür in die speziellen Eigenarten jedes Patienten erfordert eine fundierte Menschenkenntnis. Die Hypnosetherapie ist kein Abspulen eines vorfabrizierten Textes. Es gehört viel seelische Kraft und Aufmerksamkeit dazu, das Unterbewusstsein eines Patienten mit neuen, positiven Inhalten zu inspirieren. Viele Dinge sind nicht so wichtig, dass sie ständig abrufbereit in unserem Gedächtnis zur Verfügung zu stehen müssten. Die Natur hat uns deshalb auch mit einem Kurzzeitgedächtnis ausgestattet. Werden visuell oder akustisch aufgenommene Informationen nicht innerhalb weniger Tage erneut abgerufen, dann versinken sie in den Tiefen des Gedächtnisses. Total ausgelöscht werden sie nie, auch wenn wir manchmal den Zugang zu ihnen verloren haben mögen. Wenn jedoch verletzte Gefühle verdrängt werden, dann benötigt dieser Prozess der Unterdrückung Energien. Je mehr Leidvolles ein Mensch verdrängt, umso höher ist die Spannung, unter der er steht. Scheinbare Gedächtnisschwäche ist oft die Flucht einer überforderten Psyche in die Oberflächlichkeit. Verdrängte Ängste, Schuldgefühle oder traumatische Erlebnisse sind die Ursachen fast aller Neurosen und Phobien. Ihre Behandlung erfordert die Bereitschaft der Patienten, von ihren inneren Spannungen loszulassen. Sigmund Freud, der Begründer der Psychoanalyse, glaubte noch, Patienten nur in einem tiefen Stadium der Hypnose wirkungsvolle Suggestionen erteilen zu können. Er stieß dabei auf viele Widrigkeiten. Sehr richtig stellte er fest, dass er nur einen kleinen Prozentsatz seiner Patienten in eine Tiefenhypnose versetzen konnte. Seine offenbar falschen Ansätze, seine eigenen Hemmungen und Unsicherheiten bei seinen anfänglichen Versuchen, die richtige Einleitung einer Hypnose zu bewerkstelligen, ließen ihn bald nach anderen Methoden Ausschau halten. Er wandte sich der freien Gedankenassoziation zu, die dann die Ära der Psychoanalyse einleitete. Ein Weg, der Sigmund Freud persönlich zu besseren Ergebnissen verhalf. Die Hypnotherapie hat meines Erachtens eine große Zukunft. Sie ist die Medizin der Zukunft. Sie bietet einen wunderbaren Zugang zu unseren seelischen Tiefenbereichen, die niemals ein Chirurgenmesser oder ein Medikament erreicht haben. Die Hypnose ist ein relativ unkompliziertes Verfahren in unserem manchmal schon recht komplizierten Seelenhaushalt, die harmloser als jedes Medikament und effektiver als alle anderen psychotherapeutischen Verfahren wirkt. In meinen Augen steht die Hypnose an der Spitze der Therapiemöglichkeiten. Wer sich in Hypnose befindet, ist in diesem Zustand zu keiner anderen Handlung oder Informationspreisgabe bereit, der er nicht auch im wachen Normalbewusstsein zustimmen würde. Das heißt aber auch, dass er nur jene positiven Suggestionen annehmen wird, die sein Unterbewusstsein akzeptiert hat, ja die er selber sehnlichst wünscht. Diese Therapie entsprach meinen Ansichten. Auch ich wollte dem Menschen helfen, das zu erreichen, was er sich selbst sehnlichst wünscht. Endlich war es so weit, alle Freunde und Bekannte hatte ich eingeladen zu meiner Praxiseröffnung. Ich war stolz bis in die Zehenspitzen und hatte schon den Ansturm der vielen Patienten, die meine Hilfe suchten, vor Augen. Aber es kam zunächst ganz anders. Nach der Ausbildung durchlebte ich noch einmal eine harte Zeit, in der ich noch sehr viel lernen und erfahren sollte. Ich hatte keine Anzeige in der Zeitung geschaltet, da ich zu dieser Zeit noch dachte, die Menschen würden automatisch zu mir kommen.

Nach der Eröffnung hatte ich jeden Tag etwas zu tun. Diejenigen, die von meiner Praxis gehört hatten, kamen mit ihren gesundheitlichen Problemen zu mir. Ich konnte ihnen sehr gut helfen und freute mich darüber. Aber dann blieb meine Praxis tagelang leer. Kein Anruf, kein Termin. Ich verzweifelte, hatte ich es mir doch so schön vorgestellt. Tatsächlich war ich so naiv zu denken, ich hätte jeden Tag von morgens bis abends Termine. Es gibt ein Sprichwort, das heißt: Mühsam ernährt sich das Eichhörnchen. Genau so kam ich mir vor. Es war mühsam, sich bei einem leeren Terminkalender vorzustellen, dass die Praxis immer voll ist. Aber was sagte mein Mann einmal zu mir, als ich ihn wieder einmal zu einem Gefallen für mich drängte: „Du bist so beharrlich, wenn du etwas willst, du hörst nicht auf, bis du es bekommst." Das war es. Ich blieb beharrlich.

Ich wusste jetzt: Wenn du in der Praxis viel zu tun haben willst, musst du Erfolg in der Therapie haben. Zu mir kamen überwiegend Patienten mit langjährigen chronischen und austherapierten Erkrankungen. Um hier erfolgreich zu heilen, genügte natürlich nicht nur eine Behandlung.. Diesen Menschen war von ihrem Arzt gesagt worden, dass sie mit ihrer Krankheit nun leben müssten. Es war für mich harte Arbeit, diesen Menschen wieder Hoffnung zu vermitteln, ihre Zweifel, die die Gesundung behinderten, immer wieder aufzulösen. Gleichzeitig musste ich ihren Glauben an sich selbst stärken und wieder festigen. Jede dieser Behandlungen zog sich über Wochen hin. In meiner Euphorie hatte ich mir alles ganz leicht vorgestellt. Ich hatte gedacht, dass das Lernen jetzt vorbei wäre, aber dann erkannte ich, dass es gerade erst begann. Zu meiner Beharrlichkeit kam Geduld. Ich lernte das Zuhören. Durch das Zuhören erkannte ich mit den Jahren, woran die Menschen erkrankten. Es waren ihre Gefühle, die sie krank gemacht hatten. Gefühle, die tief in der Psyche fest saßen, oft wie festgefroren. Mit meiner inneren Bereitschaft, jedem zu helfen und dank der natürlichen Therapien, mit denen ich arbeitete, hatte ich Erfolg in meinen Behandlungen. Meine Patienten erzählten überall, wie gut ich ihnen geholfen hätte. Im Laufe der Zeit kamen immer mehr Menschen in meine Praxis. Alles braucht seine Zeit, so erkannte ich. Und wenn jemand für seine Gesundheit selbst bezahlen muss, dann ist er besonders vorsichtig und skeptisch. Erst wenn er andere sieht, denen es wieder gut geht, versucht er es auch.

Erfolge in der Praxis

Gesundheit ist nicht abhängig davon, wie alt jemand ist. Gesundheit entsteht aus Wohlbefinden und dem Gefühl, im Leben sicher und geborgen zu sein, mit Freude jeden Tag zu genießen, Lust am Leben zu verspüren, sich innerlich voll Ruhe und Zuversicht auf jeden neuen Tag zu freuen. Es geht darum, voller Tatendrang und Selbstvertrauen jedes Ziel anzugehen. Gesundheit entsteht aus dem Gefühl, stolz auf sich zu sein, zu wissen, wie wichtig man ist. Das beinhaltet auch, die Schwächen an sich zu lieben und zu ihnen zu stehen, sich selbst zu erlauben, schwach zu sein und Hilfe zu brauchen. Es sind ja gerade unsere Fehler, aus denen wir lernen können. Voraussetzung: wir müssen sie uns verzeihen. Aus diesem Prozess gehen wir dann gestärkt und mit neuem Selbstbewusstsein hervor. Fehler, die wir uns nicht verzeihen können, die wir verdrängen, weil wir uns ihrer vielleicht schämen, hindern uns, unser Leben in Freude und Erfolg genießen zu können. Wir denken womöglich, den Anforderungen der Umwelt nicht gerecht zu werden. Gesundheit wie auch Krankheit entstehen aus Gefühlen. Freude, Erfolg, Zuversicht und Selbstvertrauen stärken das Immunsystem, können gesundmachen. Anhaltende Gefühle wie Angst, Verzweiflung, Einsamkeit, Verletztheit, Enttäuschung, gebrochenes Vertrauen, Verrat, Freudlosigkeit, Schuldgefühle und Stress dagegen lösen starke Reaktionen im Körper aus, die unsere Immunabwehr schwächen. Es gibt die „gesunden Gefühle" wie beispielsweise Angst, oder Zweifel, die uns vorsichtig machen und uns davor bewahren, Handlungen zu begehen, die wir später bereuen könnten. Wenn wir die Straße überqueren, warnt uns die Vorsicht vor dem herannahenden Auto. Vorsichtig überqueren wir eine wacklige Brücke. Wir reagieren bei Gefahr automatisch. Die gesunde Angst hält uns davon ab, waghalsige Manöver auszuführen. Mit gesundem Zweifel kaufen wir ein gebrauchtes Auto. Es sind die guten Gefühle, denen wir vertrauen können, sie beschützen uns.

Dann sind da noch die anderen Gefühle. Die Angst, die uns vor Prüfungen zittern lässt. Doch diese Angst entsteht aus Mangel an Vertrauen in unser Können unsere Leistung. Wird aus dem Mangel an Vertrauen hingegen eine Zuversicht, ein Gefühl, es bestimmt zu schaffen, dann gehen wir aus jeder Prüfung als Gewinner hervor. Da gibt es die Angst vor dem Zahnarzt, wenn wir den Mund weit öffnen müssen. Es ist das Gefühl, ausgeliefert zu sein. Wenn wir aber lernen, dass wir bestimmen, was mit uns geschieht, dass wir die Behandlung zulassen oder verweigern können, und jederzeit sagen, was uns passt und was nicht, dann fühlen wir uns nicht mehr ausgeliefert. Wir bestimmen über uns, und die Angst verliert ihren Schrecken. Wenn wir mit dem Flugzeug fliegen, ist es das Gefühl der Angst vor dem Unbekannten, weil wir nicht im Voraus wissen, wie der Start, der Flug oder die Landung verlaufen wird. Wenn wir auch hier lernen, das Gefühl des Vertrauens in uns zu stärken, dann wird jeder Start, jeder Flug und jede Landung ein herrliches Erlebnis für uns sein. So viele Menschen finden das Fliegen herrlich und warum? Weil sie Vertrauen in sich haben. Sie brauchen die Angst nicht zu fürchten. Vor einer Operation beschleicht einen das Gefühl der Angst und der Gedanke: „Was geschieht mit mir während ich operiert werde? Wache ich aus der Narkose wieder auf?" Wenn wir lernen, uns zu vertrauen, dann verliert die Angst ihren Schrecken und wir gehen innerlich ruhig und entspannt zur Operation. Es ist eine Hilflosigkeit vor allen unangenehmen Erfahrungen. Wir haben Angst davor, dass unsere Angst berechtigt ist. Wir unterscheiden nicht mehr die eine Angst von der anderen Angst. Wir sind nicht mehr in der Lage, richtig zu entscheiden. Immer wieder beschleicht uns das Gefühl der Angst und lässt uns oft nicht mehr los. Wir werden unsicherer im täglichen Leben. Wir trauen uns nichts mehr zu. Genauso verhält es sich mit dem Gefühl des Zweifels. Durch diese ewigen Zweifel sind wir nicht in der Lage, unser Selbstvertrauen aufzubauen. Es ist ein teuflischer Kreislauf, aus dem man nicht mehr herausfindet. Ja und irgendwann reagiert durch diese dauernde Überbelastung unser Körper und schlägt Alarm.

Die Bereitschaft unseres Körpers gesund zu werden ist zu jeder Zeit, ist Tag und Nacht immer da. Unser Körper erkrankt nicht einfach, denn eigentlich sind es die Gefühle, die uns so belasten, unsere Psyche nicht zur Ruhe kommen lassen. Unser Körper möchte in Harmonie mit der Psyche leben. Um das zu erreichen, sendet er uns durch die Krankheit Signale, zuerst sind es nur schwache. Man fühlt sich erschöpft, ist unausgeglichen, fühlt eine innere Unruhe, fühlt sich antriebslos und kommt nachts nicht in den Schlaf. Damit zeigt uns unser Körper, dass mit uns etwas nicht stimmt. Unser Körper hilft unserer Psyche. Um zu verstehen, warum gerade ich erkrankt bin, ist es wichtig, dass ich mich mit meinem eigenen Körper auseinandersetze und herausfinde, wie mein Körper funktioniert, wie meine Körperzellen arbeiten, und was Tag und Nacht in mir geschieht. Ich muss erkennen, was es ist, was mich krank macht, und was ich für mich tun kann, um wieder gesund und glücklich zu werden. Alle Informationen, die wir im täglichen Leben, aufnehmen, gelangen über unsere Ohren, Augen, Nase, Haut und Mund ins Gehirn, wo sie chemische Reaktionen auslösen. Wir denken an Glück, und dieser Gedanke wird im selben Moment zu einem Gefühl, das man nicht anfassen kann, nicht sehen kann, weil es keinen festen Bestand in uns hat. Dieses Gefühl wird mithilfe eines chemischen Botenstoffs auf jede Körperzelle übertragen. Jede Körperzelle, erfährt auf diesem Wege, dass wir glücklich sind. Ganz genauso geschieht es mit jedem anderen Gefühl. Jede Körperzelle bekommt sofort eine chemische Botschaft von unserem Gehirn. Da unser Körper immer danach strebt in Gleichgewicht und Harmonie zu sein, sind es die positiven Gedanken die ihn stärken, ihm Kraft geben und glückliche Gefühle erzeugen. Ein gesunder Mensch ist in sich ruhend. Er hat Freude am Leben Erfolg, ihm gelingt scheinbar einfach alles. Er meistert sein Leben mit einem starken Selbstvertrauen, für das ihn viele bewundern. Wir passen uns den täglichen Anforderungen unseres Alltags an, denn wir haben gelernt, uns anzupassen. Unser Denken, unser Geist folgt uns dabei. Doch das Ganze geht zu Lasten unseres Körpers, zu Lasten jeder einzelnen Körperzelle. Unser Körper braucht Ruhe und Zeit, um sich auf die heutige, hektische Zeit einstellen zu können. Wir versuchen, mit diesem Tempo mitzuhalten. Jeden Tag lernen wir etwas Neues, was von unserem Gehirn gespeichert wird. Wir sind so sehr damit beschäftigt, uns immer wieder auf etwas Neues

einzustellen, dass wir unseren Körper und seine Bedürfnisse darüber total vergessen. Wie sollen wir das auch alles schaffen? Oft hängt uns die Zunge zum Halse heraus vor lauter Stress. Wir versuchen es mit Verdrängen, wir lenken uns ab oder lassen uns ablenken. Nur nicht an den Stress denken, der jeden Tag an uns zerrt!
Unser Körper ist das perfekteste, was die Natur hervorgebracht hat. Lange, sehr lange hält er diesen Stress aus. Immer wieder sendet er uns Signale, die wir aber vor lauter Anspannung gar nicht mehr wahrnehmen. Wieder verdrängen wir die Sorgen, die Zweifel, den Ärger und die Unruhe. Vor allen Dingen sind wir aber Meister im Verdrängen von Ängsten jeder Art. Gut vergleichen kann man diese Vorgänge mit einem Regenfass. Wenn es stark geregnet hat, dann ist das Regenfass randvoll. Ähnlich ist es auch bei uns, das Wasser steht uns bis zum Hals. Der Körper wehrt sich. Im Grunde sind es die Schwachstellen in uns, die sich melden und die bei jedem Menschen etwas anders gelagert sind. Während der eine Magenprobleme bekommt, hat ein anderer Rückenprobleme oder Unterleibsbeschwerden. Der eine leidet unter Migräne, der andere unter Allergien, Asthma, Bluthochdruck, Potenzstörungen, Gewichtsproblemen, Schlafstörungen, den Nebenwirkungen des Klimakteriums, Nervenschwäche, Herz- und Kreislaufbeschwerden, Frigidität, oder allgemeiner Immunschwäche. Die Medizin forscht und entwickelt immer bessere Apparate und Medikamente. Wofür wir den Wissenschaftlern unsere Achtung aussprechen sollten. Gäbe es sie nicht, mit ihren ständigen neuen und oft revolutionären Ergebnissen, würden viel mehr Menschen leiden und sterben. Nur warum werden die einen geheilt und die anderen nicht? Da steht die Medizin vor einem Rätsel. Da gibt es zwei Menschen, die beide an der gleichen Krankheit erkranken. Sie befinden sich beide im gleichen Stadium ihrer Erkrankung. Und trotzdem wird der eine gesund und der andere nicht. Obwohl man alle beide mit den gleichen Medikamenten behandelt hatte. Die moderne Medizin ist hier letztendlich machtlos, sie ist an ihre Grenzen gestoßen. Aus ihrer Sicht hat sie alles Menschenmögliche getan. Sie bekämpft die Symptome der Erkrankung und das oft mit großem Erfolg. Worin besteht der Unterschied zwischen

den beiden Patienten? Wissenschaftler der Psycho-Neuro-Immunologie haben bewiesen, dass unser Denken und unser Körper nicht getrennt voneinander sind, sondern eng zusammen arbeiten. Wenn wir also voller unbewältigter Probleme sind, ist der Körper nicht mehr in der Lage, sich selbst zu steuern. Es kommt zu einer Immunabwehrschwäche. Empfindungen wie Angst, Verzweiflung, Einsamkeit, Verletztheit, Enttäuschung, gebrochenes Vertrauen, Verrat, Freudlosigkeit, Schuldgefühle oder auch Stress können im Körper Reaktionen wie Herzklopfen, feuchte Handflächen, und Übelkeit bewirken. Im Gehirn können diese Gefühle ein Signal auslösen, woraufhin ein chemischer Botenstoff ausgeschüttet wird. Diese chemischen Botenstoffe blockieren dann bestimmte Abwehrzellen. Letztere werden zu passiv, um weiter gleichmäßig reagieren zu können. Der Körper hat nicht mehr genug Abwehrkraft, weil die Psyche ihn behindert. Seelischer Stress ist für jeden Menschen eine Belastung. Doch während der eine gut mit Stress umgehen kann, kann ein anderer diesen nicht bewältigen. Das erklärt auch, warum von zwei Menschen, die die gleichen Symptome aufweisen, der eine schnell wieder gesund wird, während der andere, unter Umständen sogar noch jahrelang chronisch unter den Symptomen leiden wird.

Unser Gehirn beeinflusst unsere Gesundheit in bedeutendem Maße. Es braucht Sauerstoff und Zucker, um leben zu können. Um aber auch denken zu können, brauchen wir Reize, die uns stimulieren. Unser Ohr ist die Energiezentrale für unser Gehirn. Angenehme Worte stimulieren ein Gefühl des Wohlbefindens in unserem Gehirn. Die Reize, die wir mit den Augen aufnehmen, stimulieren unser Gehirn. Eine sanfte Berührung der Haut stimuliert unser Gehirn. Wenn wir essen oder trinken, schmecken wir und wieder wird unser Gehirn stimuliert. Mit unserer Nase nehmen wir Düfte auf, angenehme, weniger angenehme, bis hin zu unangenehmen Düften. Immer wird dabei unser Gehirn stimuliert. Alle diese Impulse gelangen auf elektrischem Weg in unser Gehirn. Doch die wichtigste Energiezentrale ist unser Ohr. Es leitet bis zu ungefähr 90 Prozent aller Impulse dorthin weiter. Unser Gehirn hat bedeutenden Einfluss auf unsere Gesundheit. Jeder Mensch reagiert auf ein Erlebnis, mit dem er nicht fertig geworden ist, mit Krankheit. Der Körper und die Seele können einander in gewisser Weise entlasten. Der Körper redet gewissermaßen mit, wenn es die Seele mal nicht mehr schafft. Jetzt erkennen Sie auch, warum ein fröhlicher Mensch seltener krank wird und vor allen Dingen viel schneller gesundet als ein unglücklicher Mensch. Es ist unglaublich, wieviel Kraft zur Gesunderhaltung die Seele dem Körper zu geben vermag. Vielleicht erkennen Sie jetzt, warum Gesundheit nicht altersbedingt ist. Nicht die Anzahl der Lebensjahre, sondern unsere Gefühle bestimmen die Gesundheit.

Eine Kinderhaut braucht Hilfe

Corinna war eine äußerst hübsche junge Frau. Ihr rötliches Haar wurde in einem frechen kurzen Haarschnitt gebändigt. Sie kam zu mir, weil sie immer wieder unter Hautekzemen litt. Ihr rechter Arm war bis in die Fingerspitzen von mehreren kleinen entzündlichen Hautflechten bedeckt und es juckte stark. Da ich Corinna seit Jahren kannte, wusste ich, dass irgendein Kummer sie belastete. Ein Gefühl, das sie allein nicht auflösen konnte. Sie bat, mich ihr zu helfen. Ich sah Corinna an. In ihren großen blauen Augen, sah ich tiefe Verzweiflung und Hilflosigkeit. Ich fragte mich, , warum sich ein so junger Mensch mit so belastenden Gefühlen einengen musste. Warum konnte sie nicht mit Freude und Hoffnung durch jeden Tag gehen? Sie war jung und hatte das ganze Leben vor sich. Ich dachte an unsere erste Begegnung. Corinna war damals zwölf Jahre alt gewesen. Ihre Eltern waren geschieden und von dem Vater, an dem sie mit Liebe hing, hörte sie selten etwas. Ihre Mutter ging eine neue Partnerschaft ein. Eigentlich hatte Corinna keine Probleme mit dem neuen Mann ihrer Mutter. Doch ihr Vater fehlte ihr. Sie war noch zu jung, um das für sich zu erkennen. So litt sie innerlich unter der Trennung und bekam Neurodermitis. Die Arme und Beine waren mit rot entzündeten Flechten bedeckt, die stark juckten. Weil sie sich daran gekratzt hatte, sah es schlimm aus. Damals behandelte ich Corinna mit Laserlicht. Ich bestrahlte die entzündeten Stellen an den Armen und Beinen mit dem speziellen Laserlicht. Außerdem verordnete ich ihr eine juckreizstillende Salbe. Anfangs ging es ihr besser. Aber schon bald brachen die Stellen wieder auf. Ich sprach mit Corinnas Mutter über die Therapie der medizinischen Heilhypnose und erklärte ihr, dass ich mit dieser Therapie die Möglichkeit hätte, die Verlustängste, die Corinna um ihren Vater hatte, aufzulösen. Die Mutter war einverstanden mit dieser Therapie.
Dann erklärte ich Corinna, wie eine medizinische Heilhypnose abläuft.se Therapie. Erst als auch sie damit einverstanden war, vereinbar-

ten wir die Termine. Dann war es soweit und Corinna erschien zur ersten Sitzung. Ich fragte sie nach ihren Wünschen, fragte, was ihr im Alltag Spaß machte. Welche Hobbys sie hätte, wo sie gerne hinginge und sich wohlfühle. Alle ihre Antworten notierte ich mir. Danach bat ich sie, sich auf die Liege zu legen und es sich bequem zu machen. Ich deckte sie mit einer leichten bunten Decke zu und setzte mich neben sie. Dann sprach ich: „Ich lege jetzt meine Hand an deine Schulter, so spürst du, dass ich immer bei Dir bin. Wenn gleich leise Musik im Hintergrund erklingt, machst du deine Augen zu. Wir beide gehen auf eine Reise in ein Traumland, indem du gesund bist und sich alle deine Wünsche erfüllen. Ich bin die ganze Zeit bei Dir. Du spürst immer meine warme Hand auf deiner Schulter. Jetzt erzähle ich dir eine Geschichte und du hörst mir zu. Auf dieser Reise darfst du dir alles wünschen, was Dein Herz begehrt. Wenn du fest an deine Wünsche glaubst, werden sie sich erfüllen." Als ich spürte, wie sie sich immer weiter entspannte, fuhr ich fort: „Corinna, du atmest jetzt ruhig und gleichmäßig. Deine Augen werden müde und möchten sich jetzt etwas ausruhen. Schließ bitte deine Augen und lass sie geschlossen. Du fühlst dich wohl, sicher und geborgen. Es macht dir große Freude, mit mir auf die Traumreise zu gehen. Ganz ruhig atmest du ein und aus. Jedes Mal wenn du tief einatmest, fühlst du dich noch ruhiger und beschützter. Du weißt ja, ich bin die ganze Zeit bei dir. Stell dir jetzt vor, wie wir beide Hand in Hand auf einem bequemen Weg, der mit vielen kleinen bunten Kieselsteinen bedeckt ist, spazierengehen. Ganz gemütlich bummeln wir. Rechts und links von diesem Weg gibt es weite Wiesen mit den schönsten Blumen, die darauf wachsen und blühen. Beug dich mal zu den Blumen hinunter und riech, wie herrlich sie duften. Spürst Du auch den warmen Wind in Deinem Haar? Schau mal hinauf in den blauen Himmel und sieh, wie langsam die kleinen weißen Wolken am weiten Himmel dahin ziehen.
Stell Dir jetzt vor Corinna, wie mit diesen kleinen weißen Wolken alle Gefühle, die dich traurig machen, weit fort ziehen, ganz weit fort. Lass die traurigen Gefühle einfach los, lass sie hinauf ziehen zu den weißen Wolken, damit sie frei sind und dich nicht mehr traurig machen kön-

nen." Bei diesen Worten beobachte ich Corinna. Sie blieb gelassen und entspannt. Ihr Gesicht wirkte ganz weich und gelöst. Ihre Augen, die von langen dunklen Wimpern umsäumt wurden, blieben fest geschlossen und sie lächelte. Sie lag ruhig und schien sich wohl zu fühlen. Ich sah ihr an, dass meine Worte bei ihr Gefühle der Freude auslösten. Dann führte ich sie weiter auf die Traumreise. Ich sagte: „Corinna, wir kommen jetzt in ein kleines Dorf mit wunderschönen bunten Häuschen. Die Menschen hier sind gute, liebe Leute, die sich schon auf dich freuen. In der Mitte von diesem Dorf steht eine Bank. Ich setze mich jetzt auf diese Bank und warte auf dich. Du darfst überall hingehen und dir das Dorf in Ruhe anschauen. Wenn du geradeaus weitergehst, siehst du am Ende des Dorfes eine weiße prächtige Villa mit goldenen Türmchen auf dem Dach und einem schönen Garten, in dem viele bunte Blumen blühen. Dort gibt es auch eine saftig-grüne Wiese und auf dieser Wiese steht eine Schaukel. Du darfst tun und lassen was Du möchtest. Geh zu dieser schönen Villa. Viele tolle Überraschungen warten auf dich. Geh ruhig Corinna, du wirst schon erwartet. Ich bleibe hier sitzen und warte auf dich. Ich wurde still und sprach nicht mehr weiter. Stattdessen konzentrierte ich mich auf Corinna und beobachtete Sie. Ich fühlte ihre Ruhe und spürte, dass es ihr gut ging. Nach ein paar Minuten des Schweigens sprach ich Corinna wieder an.
Ich sagte: „Corinna, jetzt wird es wieder Zeit und wir gehen zurück. Verabschiede dich und bedanke dich für alles, was du bekommen hast. Und nun gehen wir gemeinsam den gleichen Weg wieder zurück. Du fühlst dich so wohl und du weißt ja: Du kannst jederzeit wieder in Gedanken an diesen Ort gehen. Hier wirst du Kraft und Gesundheit erhalten." Dann führte ich Corinna aus der Traumreise wieder zurück in die Wirklichkeit und bat sie, die Augen zu öffnen. Sie brauchte ein paar Sekunden dafür, und es fiel ihr sichtlich schwer, die Augenlider zu heben. Aber dann strahlte sie mich mit ihren wunderschönen blauen Augen an und sagte zu mir: „Das war so schön!" Sie erzählte mir ihre Erlebnisse und ich freute mich mit ihr. Ich bat sie, mir das, was sie auf der Traumreise erlebt hatte, zu Hause aufzuschreiben, was sie gerne tat.

Im Traumland: Ein Bericht von Corinna

Als ich dann um das Haus ging, sah ich an den Wänden lauter rote kleine Herzen, die zu mir sagten: Jedes Herz, was du von uns nimmst, schenkt dir ein bisschen mehr Liebe. Ich habe alle genommen. Dann bin ich weiter gegangen und kam zu einer tollen Schaukel. Ich habe mich hineingesetzt und wurde durch den Wind hin und her geschwungen. Es war wunderschön. Als ich ganz oben in der Luft war, kam ein weißes Pferd mit Flügeln und nahm mich mit in eine rosafarbene Welt. Alles war rosa. Einfach schön. Ich bedankte mich dafür und wurde wieder zur Villa hinunter geflogen. An der Tür stand: Du bist herzlich eingeladen Corinna. Also ging ich neugierig hinein. Oh, wie war es dort alles schön aufgeräumt. Essen stand auf dem Tisch und ich durfte mich bedienen. Ich aß ein paar Stücke von dem herrlichen Fleisch und schaute mich weiter um. Auf der zweiten Etage stand ein kleines Schränkchen, darauf eine riesige Vase mit Blumen. Alle Blumensorten waren dabei. Sie winkten mir zu und riefen: Corinna komm und hol uns aus der Vase. Ich tat es und ging mit ihnen hinunter. Sie erzählten mir, dass ich von heute an gesund wäre und keine Pickel mehr bekommen würde. Ab heute wäre ich der glücklichste Mensch der Welt. Ich bedankte mich dafür und verabschiedete mich von ihnen. Sie sagten noch: Blumen bringen Glück, schenke jedem, den du gern hast, eine Blume und es wird ihm nie etwas passieren. Und das werde ich in Zukunft auch tun. Als ich ans erste Haus kam, machte mir Mama die Tür auf. Das ganze Haus war rot. Und Mama schenkte mir Liebe. Am zweiten Haus machtest du mir die Tür auf. Dein Haus war ganz grün. Du hast mir Hoffnung und Mut geschenkt. Im dritten Haus machte mir mein Stiefvater die Tür auf. Sein Haus war blau. Er hat mir ein Meer von freien Wünschen gegeben. Dann kam ich zum vierten Haus. In einer weißen Pracht öffnete Oma die Tür. Sie schenkte mir Freude. Im letzten bunten Haus machte mir mein kleiner Bruder die Tür auf. Im goldenen Licht schenkte er mir eine Flöte. Wenn ich Kummer habe,

sollte ich darauf ein Lied flöten. Dann war da ein kleines schwarzen Haus. Ich klopfte an und Papa öffnete mir. Er war ganz in schwarz gekleidet und alles um ihn herum war schwarz. Er hat gesagt, ich solle hinein kommen. Ich habe abgelehnt und bin gegangen. Als ich mich umdrehte, waren er und sein Haus weg.
Dann sind wir wieder zurückgegangen.
(Ende des Berichts)

Das war Corinnas erstes Hypnose-Erlebnis. Als ich mir ihre Erlebnisse durchgelesen hatte, erfasste mich ein tiefes Mitgefühl. Wie sollte ich einem zwölf Jahre alten Kind erklären, dass Eltern, wenn sie sich in ihren eigenen Gefühlen verletzt fühlen, oft auch ihre Kinder mit hinein ziehen, ohne darüber nachzudenken, was sie ihren Kindern damit antun. Ich versuchte, ihr das behutsam bei zu bringen. Ich sagte zu ihr: „Corinna, es ist doch wunderschön, dass dir gleich im ersten Haus deine Mama die Tür aufmachte und dir Liebe schenkte. Du möchtest, dass man dich lieb hat und siehst, dass schon das erste Haus voller Liebe ist. Du bekommst alle Liebe, die du dir wünschst. Im zweiten Haus habe ich dir geöffnet und das zeigt mir, wie sehr du mir vertraust und auf mich baust. Ich danke dir für dein Vertrauen und werde alles mir Mögliche tun, um dir zu helfen. Dass die Gefühle von Hoffnung und Mut in dir wachsen, bis sie groß und stark geworden sind. So dass dich keiner mehr verletzen oder dir wehtun kann. Dass du in dem dritten Haus auf deinen Stiefvater getroffen bist, zeigt dir, dass du ihn akzeptierst, magst, und dir wünschst, dass er dich ebenfalls mag und es gut mit dir meint. Im vierten Haus macht deine Oma dir auf und schenkt dir Freude. Es ist ein Wunsch von dir, dass deine Oma zu dir genau so lieb ist, wie sie es zu deinem Bruder ist. Deine Oma liebt dich genauso herzlich, wie sie deinen Bruder liebt. Sie kann es dir nur nicht so zeigen. Dein Bruder fordert einfach die Liebe der Oma, während du zurückhaltender bist. Zeig der Oma, dass du sie liebst. Sie wird es dir dann genau so zeigen. Im vierten Haus macht dein Bruder dir ein wunderschönes Geschenk. Du liebst deinen Bruder und ich weiß, dass auch er an dir

hängt. Dass gerade er dir die Flöte schenkt, ist ein Zeichen eurer tiefen geschwisterlichen Verbundenheit. Das fünfte Haus, von innen und außen schwarz, in dem auch dein Vater ganz in schwarz ist, zeigt mir, wie verlassen du dich fühlst. Wie sehr dir dein Vater fehlt. Du sagst, dass er dich aufforderte einzutreten und du hast ablehnt. Und als du dich dann noch mal herum drehtest, waren das schwarze kleine Haus und dein Vater wieder fort. Corinna, dein Vater ist nicht fort. Er wohnt nicht mehr bei euch, aber er ist immer für dich da. Ich weiß, Corinna, dass dein Vater jedes Mal, wenn du bei ihm zu Besuch bist, schlecht über Deine Mutter spricht. Du kannst dich dann nicht wehren. Und er merkt gar nicht, was er dir damit antut. Erwachsene sind oft voller Wut, Hass und zorniger Gefühle aufeinander, wenn sie sich trennen. Sie streiten sich dann und sind sehr böse aufeinander. Sie sind so zornig im Bauch, dass die Liebe zu ihren Kindern von lauter Wut verdrängt wird. Erwachsene denken im Streit manchmal nicht darüber nach, wie sehr ihre Kinder unter der Trennung leiden. Corinna, du hast ein Recht, ihm zu sagen: ‚Papa ich mag es nicht, wenn du so über meine Mutter sprichst. Ich liebe dich und ich liebe meine Mutter. Wenn ich bei dir bin, wünsche ich mir einen schönen Tag mit dir. Damit, wenn ich wieder nach Hause gehe, ich mich noch lange an der Erinnerung an diesen Tag erfreuen kann.'"
Schon das Gespräch mit Corinna befreite sie von den belastenden Gefühlen, machte sie freier und fröhlicher. Sie wollte meinem Rat folgen und beim nächsten Mal, wenn sie wieder bei ihrem Vater sein würde, genauso reagieren, wie ich es ihr vorgeschlagen hatte. Ja, und das Verhältnis zum Vater wurde inniger. Sie kam noch einige Male zur Therapie. Von einer Behandlung zur anderen wurde sie sicherer und fröhlicher. Ihre kranke Haut aber heilte im gleichen Maße gesund ab. Fünf Jahre später sah ich sie wieder. Inzwischen war sie erwachsen, aus dem Kind war eine überaus attraktive, hübsche junge Frau geworden. „Was fehlt dir Corinna, wie kann ich dir helfen?" begann ich das Gespräch .Sie zeigte mir ihren rechten Arm und die rechte Hand. In der Ellenbeuge, am Handgelenk und an den Fingern war die Haut rot entzündet und durch den ständigen Juckreiz hatte sie sich alles blutig

aufgekratzt. Es schmerzte sehr und der Juckreiz belastete sie natürlich. Ich sagte zu ihr: „Corinna, du weißt, dass ich die Symptome behandeln kann, so dass du wieder Ruhe hast. Aber erzähl mir, welche Gefühle dich innerlich belasten, damit ich dir auch dort helfen kann." Corinna sprach über den Tod ihrer Oma, die vor zwei Jahren verstorben war. Sie fühlte sich ihrer Großmutter gegenüber schuldig, meinte, sie sei nicht immer nett zur Oma gewesen und habe sich vor ihrem Tod nicht von ihr verabschieden können. „Ich habe mir vorher nie die Zeit genommen, mit Oma darüber zu sprechen. Immer stand eine Wand zwischen uns. Wenn sie mich mal um einen Gefallen bat, war ich oft bockig und frech zu ihr. Ich konnte nicht über meinen Schatten springen und ihr sagen, dass ich sie liebe. Jetzt ist es zu spät. Oma ist nicht mehr da. Es quält mich Tag und Nacht. Wenn ich an Oma denke, habe ich tief in mir ein trauriges Gefühl und muss ständig weinen. Ich habe ihr einen Brief mit in den Sarg gelegt, in dem ich ihr alles geschrieben habe. Aber ich weiß nicht ob Oma meinen Brief liest und mir verzeiht."
Ich sagte: „Wenn du möchtest, helfe ich dir in der Hypnose dabei, deine Oma zu sehen und mit ihr zu sprechen." Corinna hatte insgeheim auf diese Worte gewartet und war sofort einverstanden. Nachdem Corinna bequem auf der Couch lag und sich durch meine Worte immer tiefer entspannte, führte ich sie an einem sonnigen Tag durch einen Blumengarten. Sie ging auf einem bequemen Weg, der zu einem kleinen Haus führte. „Corinna, du weißt, wer in diesem Haus auf dich wartet. Geh zu ihr. Sie erwartet dich und freut sich auf dich. Freue dich auch auf deine Oma, du kannst ihr jetzt alles erzählen, was dich bedrückt." Dann wurde ich still. Ich ließ Corinna zu ihrer Oma gehen. Ich beobachtete Corinna und sah ein Lächeln auf ihrem Gesicht. Ich fühlte ihre tiefe innere Ruhe und wusste, dass es ihr gut ging. Nach einer Zeit der Stille bat ich sie, Abschied zu nehmen und wieder in das Zimmer zurückzukehren. Corinna öffnete die Augen und ein unbeschreibliches Strahlen war in ihrem Gesicht. Ich wusste, sie hatte tiefe wunderschöne Erlebnisse in dieser Hypnose. Corinna erzählte mir von ihrer Oma und wie schön die Begegnung war. Ich bat sie, mir diese

Erlebnisse ebenfalls aufzuschreiben, was sie zwei Jahre später auch tat.

Eine besondere Hypnose

Wenn ich an diese Hypnose zurück denke, habe ich noch heute ein merkwürdiges Gefühl im Bauch. Meine Oma starb am 10. März 1996. Ich habe lange damit zu kämpfen gehabt. Das Gefühl, jemanden verloren zu haben, an dem man sehr gehangen hat, war schmerzhaft. Das schlimme war, dass ich mich nicht von ihr verabschieden konnte. An dem Wochenende bevor sie starb hatten wir Streit, und der ist nie aus der Welt geschafft worden. Ich dachte, nun, da sie tot ist, wird sie nicht auf mich aufpassen, weil der Streit zuletzt zwischen uns war. Ich habe sie nicht losgelassen. Ich wollte ihr doch noch so viel sagen. In dem Brief den ich ihr in den Sarg gelegt hatte, habe ich mich für alles entschuldigt und gehofft, dass sie es annimmt. Ich glaube, es war vor zwei Jahren, da war ich soweit endlich „Auf Wiedersehen" sagen zu können. Ich bin zu der Heilpraktikerin Angelika Görres gegangen. Ich lag auf dieser sogenannten Couch und hoffte, meine Oma noch ein letztes Mal zu sehen. Langsam ging ich durch einen Garten. Um mich herum waren wunderschöne Blumen. Ich ging auf ein kleines Haus zu und öffnete die Tür. Dort war ein ganz helles Licht, dem ich folgte. In einer Ecke stand ein Kamin. Daneben ein Tisch und eine Bank. Auf dieser Bank saß meine Oma in einem gelben Kleid. Sie sah wunderschön aus und bat mich zu sich. Wir redeten über alles, darüber dass sie meinen Brief gelesen hat und mich lieb hat und darüber, dass sie nicht böse ist, weil Mama so selten zum Friedhof geht. Sie wisse ja, dass Mama so viel zu tun hat. (Damals renovierten wir unser Haus, das wird sie wohl gemeint haben). Ich nahm sie in den Arm und verabschiedete sie endgültig. Dann verließ ich das Haus. Sie stand am Fenster und lächelte. Ich drehte mich noch mal um, doch sie war weg. Es leuchtete nur das helle Licht. Nun hatte ich sie losgelassen und das Gefühl was ich empfand, war kein Schmerz mehr, es war Glück. Glück, dass diese Frau aus dem Haus meine Oma war, die immer da sein wird, wenn ich sie brauche.

(Ende des Berichts)

Nach dem ich dieses Erlebnis von Corinna gelesen hatte, blieb ich eine Zeitlang ganz still. Ich kämpfte mit den Tränen. Tränen der Rührung und einer tiefen Dankbarkeit in mir, dankbar dafür, dass Corinna von jetzt an mit ihrer Oma in Liebe verbunden war. Corinna ging es nach dieser Hypnose gesundheitlich immer besser. Dass Corinna in der Hypnose ihre Oma in einem gelben Kleid gesehen hatte, brachte mich auf einen Gedanken. Ich bat sie, in alten Fotografien ihrer Oma nach zu schauen, ob sie mal ein gelbes Kleid getragen hatte. Nach intensivem Suchen fand sie tatsächlich ein Foto von der Oma, auf dem diese das gelbe Kleid trug. Ihre Oma befand sich damals in einer Kur und Corinnas Mutter, die mit ihrer Tochter hochschwanger war, und besuchte ihre Mutter damals. Corinna selbst allerdings hatte das Kleid niemals an der Oma gesehen.
Nach diesem Erlebnis ging es Corinna wieder sehr gut. Lange Zeit hörte ich nichts von ihr. Doch dann, nach zwei Jahren kam sie erneut zu mir in die Praxis und sagte, sie hätte ein Problem und wüsste nicht, wie sie sich entscheiden solle. In diesen Momenten bekam das Gefühl der Angst wieder die Oberhand und sie fühlte sich einfach schlecht. Ihr Vertrauen in mich und das Wissen darum, wie ich ihr helfen konnte führte sie zu mir. Wie schon in den früheren Behandlungen legte sie sich bequem hin. Ich deckte sie behutsam zu und setzte mich neben sie. Meine Hand lag leicht auf ihrer linken Schulter und ich fühlte, wie sich meine innere Ruhe und Gelassenheit auf sie übertrug. Sie machte die Augen zu und dem Lächeln in ihrem Gesicht sah man an, dass sie sich schon darauf freute, was jetzt kam. Wieder brachte ich sie an einen Ort, den sie sich gewünscht hatte und an dem sie sich geborgen fühlte. In einem Garten inmitten einer Blumenpracht ließ ich sie spazieren gehen. Ich sagte zu ihr: Mit jedem Schritt den du jetzt gehst, lässt du alle deine Ängste los. Gib deine Ängste frei und lass sie weiter

ziehen. Jedes Mal wenn du ausatmest, weicht der Druck aus dir heraus und du fühlst dich von allen Zwängen befreit. An ihrem Gesichtsausdruck, sah ich, dass sie sich immer mehr von den belastenden Gefühlen frei machte. Sie lag ruhig und entspannt da. Ihre Wangen wurden rosa durchblutet. Ihre Lippen, die leicht geöffnet waren, wirkten ganz weich. Ich führte sie zu einem Feld mit wunderschönen, großen Sonnenblumen und sagte zu ihr: „Sieh dir diese starken großen goldgelben Sonnenblumen in Ruhe an. Sieh mal, sie strahlen wie eine kleine Sonne. Diese Sonnenblumen wachsen mit einem starken Selbstbewusstsein und voller Vertrauen der Sonne entgegen, dass ihnen nichts geschehen kann. Genau so bist du auch, Corinna, stark wie diese Sonnenblumen, schön wie diese Sonnenblumen und voller Vertrauen in dein Leben. Du hast die Kraft in dir, alles im Leben zu erreichen. Wenn du fest an deine Ziele glaubst und dir vertraust, werden sich deine Wünsche erfüllen. Es ist das Gesetz der Natur. Du schaffst dir deine Ziele durch deinen Glauben an dich. Ich gab Corinna viele gute Worte mit in ihren Alltag und führte sie wieder in das Zimmer zurück. Sie öffnete ihre blauen Augen und strahlte mich an. Wieder war in ihr etwas Gutes geschehen. Wir sprachen darüber, was sie erlebt hatte und später schrieb sie mir wieder einen Bericht.

Meine Entscheidung

Ich hatte das Problem, dass ich vor einer Entscheidung stand, aber weder wusste, wie ich mich zu entscheiden hatte, noch ob ich diese Entscheidung überhaupt treffen wollte. Ich hatte Angst davor, also ging ich zur Angelika. Sie hat mir schon bei so vielen Dingen geholfen. Und da ich ihr voll und ganz vertraue, weiß ich, dass es mir nach einer Hypnose besser geht. Während dieser Hypnose ging ich durch einen wunderschönen Garten mit vielen verschiedenen Blumenarten. Ich fühlte mich rundherum wohl und verlor Schritt für Schritt meine Angst. Nachdem ich ein Stück gegangen war, kam ich an ein goldenes Tor. Dahinter war ein riesiges Feld, voll mit strahlenden Sonnenblumen. Ich

ging darauf zu und bemerkte, dass eine Sonnenblume zu mir sprach: Corinna reiße ein Blütenblatt nach dem anderen aus. Du wirst deine Angst verlieren und den richtigen Weg finden. Ich tat es und merkte, dass es mir immer besser ging. Mit einem wundervollen Gefühl, verließ ich den Garten und wurde zurück in die reale Welt geholt. Ich kann nicht sagen warum, aber während der ganzen Hypnose, saß meine verstorbene Oma neben mir und hatte ihre Hand auf meinem linken Knie. Es ging mir so gut und ich verließ das Zimmer mit einem Lächeln. Die schwere Entscheidung habe ich getroffen und es geht mir gut.
Ich möchte dir, Angelika, noch etwas sagen: Vielen, vielen Dank für all das, was du für mich getan hast. Ich bin durch dich stärker geworden und das werde ich dir nie vergessen. Danke, deine Corinna
Wieder durfte ich helfen, es ist ein sehr schönes (ein dankbares) Gefühl in mir. Corinna ging ihren Weg und war in allem erfolgreich. Irgendwann schrieb sie mir dann einen schönen Brief:

Liebe Angelika, es gibt viele Menschen, denen du durch deine Kraft helfen konntest. Und ich bin sehr stolz darauf, mich dazu zählen zu können. Ich kam damals als Kind, das hilflos und schwach war. Meine Haut zeigte jahrelang, dass ich sehr viele und große Probleme hatte. Ich legte mich auf deine Couch, die mir damals zuerst noch Angst machte. Du hast nichts weiter getan, als mir durch deine Hände Kraft zu geben. Mir war nicht bewusst, was da geschah und ich habe immer gedacht: „Lass sie mal machen." Doch nach einiger Zeit habe ich verstanden, dass du mir nur helfen konntest, wenn ich es zulasse und mithelfe. Und was hat die Zeit gebracht? Wir beide haben meine Neurodermitis besiegt. Durch das wunderbare Gefühl bei der Hypnose bin ich stark geworden. Du hast mir geholfen, mich richtig von Oma zu verabschieden. Das werde ich dir niemals vergessen und ich bin mir sicher, dass auch Oma dir sehr dankbar ist. Ich danke dir und bin froh, dass es dich gibt. Deine Corinna

Das Blaue Licht

An einem Freitagnachmittag kam eine junge Mutter mit ihrem 7-jährigen Sohn in meine Praxis. Sie berichtete mir, dass er starke Schmerzen im Ohr hätte. Weiter erzählte mir die Mutter, dass der Junge schon als Kleinkind oft unter Mittelohrentzündungen litt und daraufhin ständig mit Antibiotika behandelt wurde. Trotzdem bildeten sich immer wieder in regelmäßigen Abständen Eitergeschwüre, die dann in der Praxis vom Arzt aufgestochen wurden, damit der Eiter abfließen konnte. Seitdem hätte ihr Sohn panische Angst vor dem Arzt im weißen Kittel, vor Praxisräumen, vor Spritzen und Instrumenten.
Ich schaute meinem kleinen Patienten in die Augen und sah Ängste darin. Er hatte Angst davor, was ich mit ihm jetzt wohl machen würde.
Ich nahm seine kleinen Händchen in meine Hände und lächelte ihn an. Doch in seinen großen dunklen Augen waren immer noch deutlich Angst, Zweifel, und Misstrauen erkennbar. Ich konnte seine Abwehr mir gegenüber regelrecht fühlen. Innerlich dachte ich bei mir, er hat ja Recht, aus seiner Sicht wurde er bisher immer nur gequält. Ihm wurde wehgetan. Und jetzt war er wieder in einer Praxis, wenn auch in einer, wie er sie bisher nicht kannte: Ohne weißen Kittel und blitzende Instrumente. Aber er erinnerte sich, es war in einer Praxis, wo ihm wehgetan wurde. Ich überlegte mir, wie ich am besten sein Vertrauen gewinnen konnte, also begann ich mit ihm ein Gespräch darüber, wie es ihm in der Schule gefiele, die er seit kurzem besuchte. Er sah mich kaum an und ich fühlte seine Abwehr, er war einfach nicht bereit mit mir zu sprechen. Alles, was er wollte, war nur einfach fort aus meiner Praxis, mit der Mama nach Hause fahren. Seine Händchen, die er mir freundlicherweise überließ, lagen in meiner Hand. Und ich sprach ruhig weiter: „Ich verstehe dich, du hast ja Recht, ich würde auch weglaufen wollen. Aber ich verspreche dir heute, ich tue dir nicht weh."
Ich nahm mir viel Zeit und hatte Geduld mit ihm. Ja und es lohnte sich. Nach einigen Minuten, taute der kleine Mann auf und ging auf meine Fragen ein. Er erzählte mir von der Schule, dass die Kinder ihn immer ärgern würden und er sich nicht wehren könne. Dann sagte er, dass

seine Lehrerin ihm nicht beistehen würde. Auch sie würde immer nur schimpfen. Schon in der ersten Klasse wollte er nicht mehr zur Schule, weil er vor allen Angst hatte. Ich wusste nun, welche Gefühle für seine immer wieder kehrende Ohrentzündung verantwortlich waren.
Es waren bei ihm Ängste vor der Schule, Ängste vor den anderen Kindern. Er fühlte sich nicht stark genug und meinte, er könnte sich nicht zur Wehr setzen. So war er seinen Mitschülern scheinbar hilflos ausgeliefert, die sich wiederum einen Spaß daraus machten, ihn zu attackieren. Er konnte nicht so schnell reagieren, wenn er von anderen Kindern gehänselt wurde. Als ich mir seine traurigen Schilderungen angehört hatte, sagte ich zu ihm: „Ich weiß jetzt, wie ich dir helfen kann." Dann testete ich die Blüten nach Dr. Bach aus. Daraus wurden in der Apotheke Tropfen herstellt, die seine Ängste auflösen sollten. Das würde ihn mutiger und offener gegenüber anderen Kindern machen. Mein kleiner Freund würde lernen, sich gegen sie durchzusetzen, sich zu behaupten und sich somit auch endlich wehren zu können.
Für seine Ohrenschmerzen und die Vereiterung in seinem rechten Ohr wusste ich, dass die NPSO für ihn die beste Behandlung sein würde. Denn mit dieser Methode hatte ich eine Möglichkeit, ihn schmerzfrei und effektiv behandeln zu können. Ich erklärte ihm, was ich bei ihm machen würde und zeigte ihm das blaue Licht, das an zwei langen Kabeln am Ende aus zwei winzig kleinen Birnchen (Dioden) leuchtete.
Um ihn das Licht einmal spüren zu lassen, legte ich ihm die zwei Kabelenden mit den blauen Leuchtdioden in seine Hände und forderte ihn auf, die besondere Helligkeit einmal bewusst zu fühlen. Als er meiner Bitte nachkam, war er sehr überrascht, dass es gar nicht wehtat. Ich sagte zu ihm: „Dieses wunderschöne blaue Licht lege ich jetzt in dein Ohr und es Licht ist so stark, dass es den Eiterpfropfen in deinem Ohr auflöst und du dann keine Schmerzen mehr hast. Inzwischen hatte der Junge wohl etwas Vertrauen zu mir gefasst. Entspannt lag er auf der Liege, mit einer bunten Kinderdecke zugedeckt.
Er sah mich an, als wollte er sich vergewissern, ob das alles auch stimme, was ich ihm erzählt hatte.

Aber er war mit meinem Vorhaben einverstanden. Behutsam und ganz vorsichtig legte ich das Licht in sein Ohr. Ich durfte ja auf keinen Fall beim Einlegen der Lichter ins Ohr Schmerzen bei ihm hervorrufen. Dann lag es in der richtigen Position. Während der ganzen Zeit sprach ich zu ihm und klärte ihn laufend darüber auf, was das Licht im Augenblick gerade bewirkte.
Ich fragte ihn leise was er jetzt spüren würde. Er aber strahlte mich an und sagte: Es tut ja gar nicht weh, es wird nur etwas warm. Damit hatte ich gewonnen bei ihm. Ein Licht, das so schön in seinem Blau leuchtete und das er in die Hand nehmen durfte, das ließ er sich gefallen. Gleichzeitig, während in den Ohren das blaue Licht seine Wirkung tat, suchte ich an seinen Knien innen und außen die Stellen auf, von denen ich wusste, dass ich von hier auch die Störpunkte im Ohr erreichen und behandeln konnte. Ich suchte und fand mit dem Messstift tatsächlich noch zusätzliche Störpunkte und löste sie mit dem Rotlicht auf.
Es war für den kleinen Mann eine wahre Freude, so behandelt zu werden. Ich erlebte, wie sich mehr und mehr Blockaden in ihm lösten und er freier und fröhlicher wurde. Er ging immer mehr aus sich heraus und erzählte mir von seinen alltäglichen Problemen, berichtete, was ihm in der Schule gut und was ihm weniger gut gefiele. Er erzählte auch, was ihn an seinen Eltern störte. Ich nahm ihn sehr ernst in seinen Ausführungen. Dieser kleine Mann spürte offensichtlich, dass ich ihn ernst nahm und nur das Beste für ihn wollte. Er wurde immer freier im Reden, endlich konnte er mal alles sagen, was in ihm wühlte, ihn quälte und was ihn wohl täglich beschäftigte.
Seine Mutter war erschrocken über den Gefühls-Ausbruch ihres kleinen Sohnes. Sie hätte nie gedacht, dass er in seinem kindlichen Alter schon derartige Probleme hätte und sich das auch auf seine Gesundheit auswirken könnte. „Hätte er doch einmal etwas gesagt, dann hätte man doch handeln können", meinte die Mutter. Ich erklärte ihr , dass diese „kleinen Sorgen", für ihren Sohn persönlich eben riesengroße Probleme darstellten, mit denen er allein nicht fertig werden konnte, weil er ja noch nicht gelernt hatte, mit Konfrontationen umzugehen.

Er war einfach stiller, introvertierter als andere Kinder und hatte zuhause nie darüber gesprochen, was sich in der Schule abspielte. Er konnte nicht aus sich heraus und behielt seinen Kummer und seine Sorgen für sich. Seine kleine Seele brannte in Ängsten. Ängsten, die er nicht zuordnen konnte und für die er zu klein war, um sich selbst zu helfen.

Nicht nur die Behandlung, mit den Blüten nach Dr. Bach und der NPSO, sondern auch das Gespräch tat ihm gut. Es war sozusagen eine Behandlung für die Seele und die Gefühle. Ich sehe heute immer noch immer sein Gesicht vor mir. Stolz leuchtete es damals, er fühlte sich ernst genommen, fühlte, dass er wichtig war. Ich hatte ihm zugehört und seine Mutter hatte ihm zugehört. Er konnte alles loswerden, was sich in der letzten Zeit in ihm aufgestaut hatte, und das tat ihm gut.

Die beiden verließen glücklich meine Praxis. Noch am gleichen Nachmittag rief mich die Mutter meines kleinen Patienten freudig an und berichtete mir, dass das Geschwür in seinem Ohr aufgeplatzt und der Eiter abgelaufen sei. Ihrem Sohn ginge es jetzt wesentlich besser und er hätte keine Schmerzen mehr.

Mit den Blüten nach Dr. Bach ist aus diesem ehemals ängstlichen Jungen ein gesundheitlich robustes und mutiges Kind geworden. Jemand, der sich auch durchsetzt, wenn es nötig ist. Mein kleiner Patient hat seitdem keine gesundheitlichen Beschwerden mit dem Ohr mehr gehabt.

Du wirst groß und stark

Marvin war ein hübscher kleiner Junge von sieben Jahren, mit großen dunkelbraunen Augen und schwarzen kurzen Haaren. Er kam nicht nur als junger Patient zu mir, sondern wurde mit den Jahren, auch mein Freund. Im Alter von vier Jahren kam er das erste Mal mit seiner Mutter zu mir in die Praxis. Marvin hatte Neurodermitis, eine Hautentzündung die sich bei ihm in den Kniekehlen und den Armbeugen ausgebreitet hatte. Der unerträgliche Juckreiz, der schon einen Erwachsenen zum Wahnsinn treiben kann, machte Marvin sehr aggressiv. Der Kleine

litt sehr unter seinem starken Juckreiz und kratzte sich ständig daran. Die schon entzündeten Flächen vergrößerten sich dadurch immer mehr. Dieser Juckreiz machte ihn so wütend, dass ihn jeder in seiner Umwelt ablehnte. Denn er war oft frech und ließ sich nichts sagen. Stattdessen tobte er bei jeder Kleinigkeit und wurde dadurch unausstehlich für alle.
Seine Eltern hatten es schwer mit ihm. Ich aber verstand den Kleinen. Ich wusste, so ein Juckreiz konnte sogar einen Erwachsenen ungenießbar machen. Wie sehr musste doch mein kleiner Patient bisher darunter gelitten haben! Er hatte noch nicht den Verstand zu wissen, was Neurodermitis ist und warum es gerade ihn immer so juckte. Ich sah mir die erkrankten Stellen in Ruhe an und während ich ihn untersuchte, unterhielt ich mich mit ihm.
Ich sagte zu ihm: "Du darfst ruhig wütend werden, du darfst ruhig toben, wenn es dich so juckt. Ich würde genauso reagieren wie du, wenn ich diesen Juckreiz hätte. Aber ich habe eine Lösung für dein Problem. Es ist ein wunderschönes rotes Licht, mit dem ich jetzt deine kranke Haut bestrahle. Deine Haut wird gesund und kann dich nicht mehr quälen." Ich zeigte ihm den Stift, aus dem ein rotes Licht strahlte und gab es ihm in seine kleinen Händchen. Er erkannte, dieses Licht tut mir nicht weh. Im Gegenteil es war wie ein Spiel mit Licht für ihn. Mit dem monochromatischem Rotlicht aus der NPSO fing ich an, seine erkrankten Hautflächen zu bestrahlen. An seiner gelassenen Reaktion sah ich, dass es ihm gut tat.
Während der ganzen Behandlung klärte ich ihn darüber auf, was ich gerade tat und warum ich es tat. Kinder sind sehr wissbegierig und lernen schnell, was ihnen gut tut. Ich sagte "Ich bestrahle jetzt deine kranke Haut in den Kniekehlen und sie wird wieder ganz gesund. Fühlst du das warme Licht in den Kniekehlen?", und er sah mich einen Augenblick mit seinen großen dunklen Augen ernst an, als wollte er in sich hinein fühlen. Dann nickte er.
Er bestätigte mir, dass es ganz warm in den Kniekehlen wurde. „Siehst du?", sagte ich, „jetzt lösen wir den Juckreiz auf. Das Gleiche mache ich dann mit deinen Armen."

Er half mir voller Eifer mit in der Behandlung. Ich hatte ihn als meinen Verbündeten gewonnen. Er zeigte mir die Stellen an seinem Körper, die ich mit dem Rotlicht bestrahlen sollte. Er war voller Eifer, und das war wichtig für sein Gesundwerden. Ich lobte ihn kräftig dafür, sagte ihm, wie toll ich es finde, dass er mir mithilft. Durch diese Worte fühlte er sich größer und stärker, das sah ich ihm förmlich an. Nach der Behandlung verordnete ich ihm eine Salbe für zuhause. Diese Salbe wird nach Dr. Edward Bach hergestellt und ich hatte aus meiner Praxiserfahrung bisher gute Wirkung damit erzielt. Seine Mutter sollte täglich viermal die Salbe auf die erkrankten Stellen auftragen.

Eine Woche lang kam er jeden Tag in meine Praxis und ließ sich mit großem Eifer und Freude von dem Rotlicht bestrahlen. Jedes Mal wenn ich ihn behandelte, lobte ich ihn auch. Ich sagte zu ihm, wie gut er mitarbeiten würde und wie stolz ich auf ihn wäre. Schon nach einer Woche, waren die Wunden geschlossen. Der Juckreiz hatte bereits am zweiten Tag nachgelassen.

Danach ging es ihm gut. Drei Jahre lang hörte ich nichts mehr von ihm. Neue Schwierigkeiten bei Marvin begannen dann mit seiner Einschulung. Er hatte keine Schulfreunde und war sehr in sich verschlossen. Dadurch fiel ihm das Lernen schwer. Er konnte sich nicht konzentrieren, da er mit seinen Gedanken mehr in seinen Träumen war und am Unterricht kaum teilnahm. Die Lehrerin schien mit ihm einfach nicht zurechtzukommen. Er trotzte in der Schule und reagierte manchmal gar nicht auf die Fragen seiner Lehrerin. Sie wandte sich schließlich verzweifelt an seine Eltern und bat diese, mit ihrem Kind zur psychologischen Beratung zu gehen.

Als Marvins Mutter mir davon erzählte, bat ich sie, mir Marvin in die Praxis zu schicken. Doch es dauerte eine ganze Zeit - weil er nun wohl auch mir gegenüber abwehrend oder trotzig gesinnt war - bis er mich in meiner Praxis aufsuchte.

Für mich war es wichtig herauszufinden, welche Gefühle Marvin quälten und belasteten. Er sollte merken, dass ich ihn ernst nahm. Ich ließ ihn meinem schönen Sessel Platz nehmen. Er fühlte sich gleich größer.

Dann begann ich eine Unterhaltung mit ihm, fragte, wie es ihm in der Schule gefiele.
Er antwortete: „Gut." Ich fragte ihn, ob er dort Freunde habe und er antwortete mir, die seien alle doof dort. Ich sah ihm in die Augen. Sie schimmerten ganz dunkel und feucht während er sprach. Ich wusste, ich lag richtig. Ich fragte weiter, warum seine Mitschüler denn doof seien. Er sagte, sie würden ihn immer zanken. Ich nahm Anteil an seinem Kummer und zeigte es ihm auch deutlich, Ich erklärte ihm, er sei doch ein ganz toller Junge, den eigentlich jeder gern zum Freund haben wollte. Ich wäre stolz darauf, wenn er mein Freund wäre. Langsam fasste er wieder Vertrauen zu mir und erklärte schließlich,, die anderen würden auch sagen, er sei noch zu klein um in die Schule zu gehen, er sollte wieder in den Kindergarten zurück.. Ich sah mein Gegenüber ruhig an. Es stimmte, Marvin war für seine sieben Jahre verhältnismäßig klein. Aber auch seine Eltern waren nicht besonders groß. Ich erkannte, dass Marvin darunter litt. Er wurde vermeintlich aufgrund seiner Größe von den anderen nicht anerkannt. Ständig hänselten sie ihn und gaben ihm das Gefühl, nicht viel wert zu sein. Das tat weh. Doch was Marvin an Körpergröße fehlte, das hatte er im Kopf. Er war ein intelligenter aufgeweckter Junge. Er war sehr klug und wusste schon in seinem Alter, dass die Verständigungsschwierigkeiten eigentlich nicht darin liegen konnten, dass er nicht so groß war wie seine Mitschüler. Sie nahmen seine äußere Erscheinung lediglich als Vorwand, hatten damit etwas gefunden, mit dem sie ihn treffen konnten. Aber wie sollte er ihnen beweisen, dass er genauso gut war wie sie? Sie gaben ihm keine Chance das zu beweisen. In ihm tobten Gefühle, mit denen er gar nicht fertig werden konnte. Also schirmte er sich von der Außenwelt ab und fing an, in seiner eigenen Welt zu leben. Dazu gehörte es konsequenterweise eben auch, am Unterricht nicht teil zu nehmen.
Dass er nicht groß war, das hatte er schon seit frühester Kindheit hören müssen. Immer wieder hieß es, wenn er irgendwo auftauchte: „Der Junge ist aber klein für sein Alter. Hoffentlich hat er später mal keine Probleme mit seiner Größe." Marvin hörte von klein auf immer

wieder diese Worte „du bist aber klein". Freunde und Familie, die es zu ihm sagten, dachten wohl nicht darüber nach, wie sich diese Worte für ihn anhören mussten. Bis zu einem gewissen Alter machte es ihm auch nichts aus. Er wusste ja noch nichts über eine Wertigkeit. Warum sollte klein schlechter sein als groß? Aber dann, als er in die Schule kam und seine Mitschüler ihn um Kopflänge überragten, lernte er schnell, was es bedeutet klein zu sein. Für ihn hieß es, nicht anerkannt zu werden. Keiner nahm diesen kleinen Mann wichtig. Er wurde einfach übersehen. Oder was noch schlimmer war für ihn: er wurde aufgrund seiner Größe gehänselt. Wie sollte er sich wehren? Er hatte zwar mehr Kraft, sogar mehr als manche große Mitschüler, aber die wusste er nicht einzusetzen. Er ignorierte seine Umwelt. Hörte seiner Lehrerin nicht zu, antwortete nicht auf ihre Fragen und lebte in seiner eigenen kleinen Welt.

Marvin war ein mit Energie gefülltes Kerlchen, wie er so vor mir saß und mich halb trotzig aber doch voll Vertrauen ansah. Ich hatte nur den einen Wunsch: ihm zu helfen. In dieser Welt mit seiner Größe zurechtzukommen, das wollte ich ihm beibringen und die Erkenntnis vermitteln, dass nicht die äußere Erscheinung, sondern die innere Größe letztendlich zählt.

Ich fragte ihn: „Marvin, möchtest du gerne größer werden?" Da strahlte er mich an und nickte. Ich versprach, ihm zu helfen und zeigte ihm das monochromatische Rotlicht, mit dem ich ihn schon vor zwei Jahren behandelt hatte. Dann erklärte ich ihm, dass ich mit dem Licht seine Beine bis zu den Knien bestrahle. Durch dieses Licht werden deine Knochenzellen stärker und wachsen mehr. Deine Beine werden länger und du wirst größer.

Er kam die erste Woche jeden Tag zur Behandlung. Er freute sich jedes Mal darauf, denn endlich gab es jemanden, der seine Gefühle erkannte und ihn ernst nahm. Schon am ersten Tag testete ich bei ihm Blüten nach Dr. Bach aus und verordnete diese.

In jeder Behandlung führten wir beide positive, aufbauende Gespräche. Ich motivierte ihn immer wieder. Ich sagte: „Marvin, du bist ein kluger großer Junge. Du hast die Kraft alles zu schaffen. Wenn du fest

daran glaubst, in der Schule gut zu sein, dann schaffst du es, ich weiß wie gut du bist. Du bist einfach super und ich glaube dass deine Schulkameraden gerne mit dir spielen. Ich weiß, dass dich alle mögen. Ich weiß auch, dass es dir Spaß macht mit anderen Kindern zu spielen. Marvin, du wächst und wächst und du wirst immer größer. Größer als dein Vater und deine Mutter. Du wirst später ein großer kluger Mann."
Alle diese Worte waren so wichtig für ihn. Er blühte richtig auf. Er nahm seine Behandlung selbst in die Hand und kam immer dann in meine Praxis, wenn er meine Hilfe brauchte. Nach drei Wochen kam er ein bis zweimal die Woche. Er war sicherer geworden. Er strahlte seine Größe innerlich aus. Man sah ihm an wie gut es ihm ging. Jedes Mal wenn er kam, motivierte ich ihn weiterhin. Die Blüten nach Dr. Bach halfen ihm aufzuwachen und mit seiner Umwelt zur Freude aller sehr gut zurechtzukommen.
Eines Tages klingelte es an der Tür. Ich machte auf und draußen stand Marvin mit seiner Mutter. Sie hatten ein wunderschönes Mobile für mich gebastelt, das sie mir als Geschenk brachten. Marvins Mutter erzählte mir dann freudestrahlend, die Lehrerin hätte sie angerufen und gefragt, in welcher Therapie sie mit Marvin wäre. Der Junge hätte sich so positiv verändert. Er würde in der Schule sehr gut mitarbeiten und wäre nicht wieder zu erkennen.
Aber nicht nur in der Schule machte Marvin einen erfolgreichen Sprung. Auch in der Familie veränderte sich der Junge zur Freude seiner Eltern. Er wurde anhänglicher und aufgeschlossener. Er trotzte seiner Mutter nicht mehr, sondern war zärtlich zu ihr, ja er schmuste sogar wieder mit ihr, was er lange nicht getan hatte. Endlich konnte er seine Gefühle zeigen. Seinem Vater, den er sehr liebte, half er bei seiner Arbeit, wo immer es auch ging.
Er ging leicht auf andere Kinder zu und spielte mit ihnen. Aus Marvin dem Trotz-Jungen und Eigenbrötler war ein freies, aufgewecktes und fröhliches Kind mit vielen Freunden geworden. Marvin wurde auch mein kleiner Freund, der oft bei mir klingelte und mit seinen Freunden, wenn sie sich verletzt hatten, vor der Tür stand. Mich dann freudestrahlend ansah und sagte: „Guck mal, mein Freund hat sich das Knie

aufgeschlagen, kannst du ihm helfen?" Derartige Hilfeersuchen wiederholten sich immer wieder.

Der Glaube kann Berge versetzen

Ich hatte das große Glück, Erfolg bei meinem Patienten zu haben. Und Erfolg spricht sich herum. Mehr und mehr Menschen wurden neugierig auf meine Behandlungen. Rosina P. war eine von ihnen. Sie wurde von ihrer Familie auf mich aufmerksam gemacht. Eines Tages rief sie mich an und wir vereinbarten einen Termin in meiner Praxis. Da ich meine Patienten stets selbst an der Tür empfing, hatte ich immer die Möglichkeit, mir einen ersten Eindruck von dem Hilfesuchenden zu verschaffen. Als es klingelte und ich die Tür öffnete, stand vor mir eine große, resolut wirkende Frau. Bei Frau P., sah ich auch sofort, dass ihr rechter Arm wie leblos am Körper hing Ich lächelte sie an und bat sie, mir in das Sprechzimmer zu folgen. Ich ließ sie Platz nehmen und fragte sie dann, wie kann ich ihr helfen könne. Frau P., strahlte so viel Freude aus, soviel Positives, dass es eine Wohltat für mich war. Im Stillen fragte ich mich nur, was ich ihr Gutes tun könnte, denn diese Frau schien so zufrieden.
Dann begann Frau P., zu erzählen. Sie wäre 79 Jahre und würde allein leben, denn ihr Mann sei vor ein paar Jahren verstorben. Sie sagte mir, sie hätte von mir gehört und wollte sich einfach nur mal durchchecken lassen. Sie hätte gehört, dass ich mit einem Gerät arbeitete, mit dem ich den Körper sozusagen durchmessen könnte. Sie machte auf mich einen relativ gesunden Eindruck und ich bewunderte ihre positive Einstellung zum Leben.
Mit dem Vega-Messgerät, in dem in kleinen Fächern 96 Ampullen lagen, die den einzelnen Organen zugeordnet waren, konnte ich eine Aussage über ihren Zustand abgeben. Also führte ich bei Frau P., eine Messung durch. Dazu bekam sie eine Elektrode in die Hand. Die Elektrode war durch ein Kabel, das in das Vega-Messgerät führte, verbunden. Ich nahm den Biotensor in meine Hand. Auch der Biotensor war über ein Kabel mit dem Vega-Messgerät verbunden. Dann nahm ich

die Messung vor. Nach einer halben Stunde war ich fertig und teilte ihr das Ergebnis mit. Ich hatte gesehen, dass ihre Knochen und Muskeln Belastungen anzeigten. Auch ihr Darm und die Bronchien waren belastet. Ihr vegetatives Nervensystem zeige ebenfalls Belastungen.
Es sei nichts Akutes, beruhigte ich sie, diese Belastungen könnten auch aus der Vergangenheit herrühren. Frau P., wirkte sichtlich erleichtert und berichtete mir, die Belastung der Knochen und Muskeln rührten von einem doppelten rechten Oberarmbruch her. Vor vier Jahren hatte sich Frau P. diesen Bruch durch einen Sturz zugezogen. Nach der Operation gab es Schwierigkeiten, und ihr rechter Arm sei danach nicht mehr so belastbar gewesen wie ihr linker Arm. Man hatte ihr gesagt, daran könne nichts mehr geändert werden und sie müsse sich damit abfinden. Sie müsse sich eben so gut es ging mit dem anderen Arm behelfen. So versuchte Frau P., im Alltag so gut wie es ging, mit dem linken Arm zurechtzukommen.
Trotzdem erzählte sie mir, dass die Behinderung ihres rechten Armes sie sehr im Alltag einschränke. Sie war früher eine gute Schwimmerin gewesen. Für sie war Schwimmen das Schönste und machte ihr viel Freude. Im Kreise von Freunden hatten sie sich fast täglich zum Schwimmen getroffen. Nun war das leider nicht mehr möglich. Ich merkte ihr an, wieviel Lebensqualität ihr dadurch genommen wurde. Sie fühlte sich nicht mehr zugehörig, denn sie konnte nicht mehr mithalten. Und nur im Wasser herumstehen, dazu fühlte sie sich unterfordert. Trotzdem hatte diese Frau ihren Humor nicht verloren. Sie strahlte trotz allem und steckte auch mich damit an. In mir reifte der Wunsch, dieser wunderbaren Frau irgendwie helfen zu können.
Die Belastung der Bronchien rührte von einer starken Grippe her, unter der sie wochenlang gelitten hatte. Auch ihre Darmbelastung führte darauf zurück. Durch die Einnahme von Antibiotika gegen die Grippe war die Darmflora wiederum stark geschwächt worden. Ich verschrieb ihr pflanzliche Präparate, die ihre Darmflora wieder aufbauen sollten.
Dann kamen wir zu ihrer nervlichen Belastung. Ich fragte sie liebevoll, ob sie mir sagen könne, welche Gefühle sie denn so belasteten. Ob sie irgendwelche Probleme hätte. Da sie nicht antwortete, sondern mich

nur traurig anschaute, fragte ich weiter nach ihrem Wohnort und nach ihrer Wohnung. Ich fragte sie, ob sie sich in ihren vier Wänden wohl fühle. Bei dieser Frage schaute ich Frau P. In die Augen und sah, dass sie weinte und sich gleichzeitig ihrer Tränen schämte. Ich stand auf und nahm sie in den Arm. Ich sagte nichts, sondern hielt sie nur fest und gab ihr das Gefühl, nicht allein zu sein.
Wieder hatte ich das Richtige getan und das offensichtlich hatte sich Türchen zum Vertrauen geöffnet. Wie ein Schwall brach es aus ihr raus und sie erzählte: Dass sie schon lange unter großen Ängsten litt. Ängste vor der Dunkelheit, Ängste vor dem Alleinsein, Ängste vor der Abhängigkeit von Anderen. Und sie erzählte mir ihre Lebensgeschichte. Ein Leben lang war sie in einem verantwortungsvollen Job berufstätig gewesen. Sie war verantwortlich für die Firmengelder. Jeden Tag brachte sie abends die Einnahmen von der Firma zur Bank. Und an einem dieser Abende geschah das Furchtbare: Sie wurde überfallen und ausgeraubt, dabei wurde sie schwer verletzt.
Der Schock, den sie bei dem Überfall damals erlitten hatte, war nie verarbeitet worden. Das schreckliche Geschehen lastete wie ein schwarzer Schatten schon 35 Jahre auf ihrer Seele. Ich hörte ihr aufmerksam zu. Endlich konnte sie darüber sprechen, was schon so viele Jahre zurück lag und immer noch ihre Seele belastete. Es war so wichtig für sie, mit jemandem, dem sie vertraute, darüber zu sprechen. Sie wollte sich alles von der Seele reden, um sich wieder freier zu fühlen. Endlich konnte sie sich befreien.
Nachdem sie alles erzählt hatte, sah ich ihr an, wie erleichtert sie war. Sie konnte wieder lachen und strahlte mich an. Ich bewunderte diese Frau dafür, wie stark sie doch war. Um ihre Nerven noch mehr zu stärken und sicherer zu machen, versprach ich, ihr eine Hypnose-Kassette für zu Hause zu erstellen. Sie sollte sich dieses Band dann täglich anhören. Ich notierte mir ihre Wünsche für die Zukunft. Sie hatte noch große Wünsche. Wünsche, die ich ihr sehr gerne auf die Kassette sprach.
Von Dr. Bach testete ich Blüten aus, die ihr Wohlbefinden noch verstärken sollten. Außerdem verschrieb ich ihr pflanzliche Präparate, um ihre Darmflora zu sanieren. Frau P. fragte mich, ob wir auch etwas für

ihren Arm tun könnten. Ich überlegte, und erklärte ihr dann, dass ich mit der NPSO eine Möglichkeit sehe, ihr zu helfen. Da Frau P. von weit her angereist war, machten wir für die NPSO - Behandlung einen neuen Termin aus. Eine Woche lang wollte ich Frau P. täglich behandeln. Sie quartierte sich für diese Zeit bei einer Freundin ein, die in der Nähe meiner Praxis wohnte.

Zwei Monate später kam Frau P. wieder für die NPSO Behandlung zu mir in die Praxis. Mir erschien es, als ginge die Sonne auf. Sie strahlte und lachte. Ihr Lachen war so ansteckend, dass auch ich laut lachen musste. Sie erzählte mir, dass ihre Ängste so gut wie verschwunden wären und ihre sonstigen Beschwerden wesentlich besser geworden seien. Sie erzählte mir das mit einem Lachen. Voller Positivität war sie wieder und strahlte eine Energie aus wie eine dreißigjährige Frau. Ich dachte bei mir: Viele könnten sich von dieser Frau eine Scheibe abschneiden.

Der erste Tag der NPSO - Behandlung: Ich suchte mit dem Suchstift an den Fingern, Händen und Armen nach Störfeldern, die auf den rechten Oberarm hindeuteten. Wenn ich solche Störfelder fand, bestrahlte ich sie mit dem Rotlicht und löste sie auf. Ich fand viele Störfelder, aber das war mir schon vorher klar gewesen. Bei diesen massiven Beschwerden hatte ich damit gerechnet. Nach der ersten Behandlung geschah nicht viel. Doch ich hatte Frau P. im Vorfeld schon darauf hingewiesen, dass diese Behandlung ihre Zeit brauchen würde, da der Körper ja gefordert war, darauf zu reagieren.

In der zweiten Behandlung suchte ich auch an der rechten Hand und am Finger bis zum Arm hoch. Alles, was ich fand wurde mit dem Rotlicht bestrahlt, bis das Signal im Gerät auf Null war.

Frau P. war und blieb optimistisch, sie glaubte fest, dass ich ihr helfen könnte. In jeder Behandlung wurde viel gelacht, ich freute mich jeden Tag auf Frau P. Diese Frau zeigte mir, dass man auch mit fast achtzig Jahren nicht aufgeben soll.

Nach der dritten Behandlung fühlte sich Frau P. so gut, dass sie mit ihrer Freundin zwei Stunden spazieren gehen konnte, ohne müde zu werden. Sie war und blieb optimistisch. Nach der dritten Behandlung,

sagte sie zu mir, ihr rechter Arm fühle sich irgendwie leichter an, zwar könnte sie - wie auch schon in der Vergangenheit - keine Tasse hochheben, aber sie spürte, dass in ihrem rechten Arm etwas geschah. Ich wusste ja, dass sie Recht hatte. Zu oft schon hatte ich spontane Reaktionen bei anderen Patienten in meiner Praxis erlebt.
Als Frau P. zur vierten Behandlung kam, berichtete sie mir freudestrahlend, dass sie gestern den Arm etwas anheben konnte. Sie war so motiviert und für sie war auch klar, dass sie es schaffen würde. Jede Behandlung mit dieser wunderbaren Frau war auch für mich eine Bereicherung. Ich lernte durch sie, dass der Glaube Berge versetzen kann.
Dann kam die letzte Behandlung, der fünfte Tag. Wieder suche ich mit dem Suchstift nach Störfeldern und mit dem Rotlicht bestrahlte ich sie, bis das Signal im Gerät verstummte.
Frau P. erschien mir heute auffällig gut gelaunt. Sie schaute mich, seit sie an diesem Morgen meine Praxis betreten hatte, unentwegt verschmitzt an. Ich wusste nicht, was sie vorhatte. Die Behandlung dauerte ungefähr eine Dreiviertelstunde und als ich fertig war, geschah das Unfassbare: Frau P. hob ihren rechten Arm hoch, aber nicht nur ein bisschen oder halb, nein sie hob ihren rechten Arm voller Stolz ganz hoch bis über ihren Kopf. Sie strahlte und lachte und sagte zu mir: das konnte ich gestern Abend schon. Aber ich wollte sie heute damit überraschen.
Und wie sie mich damit überraschte! Ich war innerlich so bewegt und konnte es selbst nicht glauben, was ich hier sah. Es war auch für mich ein unfassbares Erlebnis zu sehen, wie Menschen gesund werden.
Menschen, denen man gesagt hatte: „An Ihrem Arm können wir nichts mehr tun, damit müssen Sie leben." Diese Frau hatte sich nicht damit begnügt. Sie hatte sich selbst vertraut und darauf gehofft, dass es auch für sie eine Möglichkeit gäbe, ihren Arm wieder zu gebrauchen. Sie hatte nicht aufgehört zu glauben, bis es geschah.
Frau P. kann seitdem wieder mit ihren Freunden schwimmen gehen, kann wieder am Leben aktiv teilnehmen. Es liegt an Frau P.n gesund alt zu werden. Ich bin davon überzeugt: Wenn sie glaubt, gesund hundert Jahre alt zu werden, dann wird sie das auch schaffen.

Kinder und ihre Erkrankungen

Einflüsse während der Schwangerschaft

Wir wissen heute, dass die Gefühle und Einstellung einer Mutter und eines Vaters die Persönlichkeit des Ungeborenen prägen können. Wir wissen, dass das Ungeborene ein aufmerksames Menschlein ist. Das es reagieren kann. Es kann aber noch mehr: Das Ungeborene kann sehen, hören, erleben, schmecken und sogar im Mutterleib lernen. Das heißt, je nachdem, was das Ungeborene wahrnimmt und fühlt, beginnt es diese Gefühle zu formen. Es wird die Weiche gestellt, dahingehend ob es sich später glücklich oder traurig – angriffslustig oder feige – sicher – oder angstgepeinigt erlebt und sich später so verhält. All das hängt zum Teil von den Botschaften ab, die es im Mutterleib erhalten hat. Viele Botschaften kommen von der Mutter, das heißt aber nicht, dass jede flüchtige Sorge – jeder Zweifel und jede Angst der Mutter sich auf das Kind auswirkt. Was zählt, sind die dauerhaften Gefühle, die tief verankert sind und tiefe Narben in der kindlichen Persönlichkeit hinterlassen.

Dagegen können lebensbejahende Gefühle wie Glück – Hochgefühl – und freudige Erwartung bedeutend zur gesunden Gefühlsentwicklung des Kindes beitragen. Wir dürfen bei allem nicht den Vater vergessen, die Liebe des Mannes zu seiner Frau und zu seinem Ungeborenen ist von größter Wichtigkeit für die Entwicklung des Kindes. Wir wissen, dass das Ungeborene seine Umwelt wahrnimmt. Auch unsere heutige Zeitentwicklung spielt dabei eine große Rolle. Hektik, Stress, Lärm - alles prägt sich in das werdende Leben ein.

Ich habe 10 Freunde und das sind meine Körper-Polizisten

Ich sitze an meinem Schreibtisch. Der Computer ist hochgefahren und eine leere Seite auf dem Bildschirm wartet darauf, mit einer Geschichte gefüllt zu werden. Draußen auf der Straße höre ich fröhliches Kinderlachen. Ich drehe mich um und schaue aus dem Fenster hinaus. Fünf kleine übermütige Kinder im Alter von sechs bis zehn Jahren toben sich auf der Straße aus. Sie sind gesund und fröhlich, und die Eltern können bei solchen vitalen, ausgelassen spielenden Kindern wirklich glücklich sein.
Ich schließe meine Augen und vor meinem inneren Auge sehe ich ein kleines Mädchen. Ein Kind, das mühsam nach Luft ringt. Das nicht spielen und toben kann, wie die Kinder vor dem Fenster, draußen auf der Straße. Ich denke an sein Schicksal und beginne zu schreiben.
Sabrina war noch ein Kind, gerade mal acht Jahre alt. Ein sehr kluges, aufgewecktes und temperamentvolles kleines Mädchen. Ihre rotblonde Lockenpracht wurde von einem blauen Band nur mühsam gebändigt. Aus ihrem süßen frechen Gesicht strahlten mich zwei große blaue Augen an. Aber da war noch etwas in ihrem Blick. Etwas, was mich stark bewegte. Es war die Ernsthaftigkeit in ihren Augen, die man sonst nur bei erwachsenen Menschen sieht. Mit dieser Ernsthaftigkeit zeigte sie mir, dass sie wusste, in welcher Lebensgefahr sie ständig schwebte und doch gelernt hatte, damit umzugehen.
Ihre Mutter brachte Sabrina zu mir, weil ihr Kind dringend Hilfe brauchte. Sabrina litt schon geraume Zeit unter Asthma. Die Erstickungsanfälle, die Sabrina am Tag und auch nachts bekam, konnten nur durch ständige Cortison-Gaben gelindert werden, um ihr damit das Atmen zu erleichtern.
So wie andere Kinder ihren Teddy oder ihre Puppe auf dem Arm trugen, so schleppte Sabrina ihre Cortison-Pumpe ständig mit sich herum. Ihre Lebensqualität war dadurch nicht nur stark eingeschränkt, sondern auch ihr Lebensrhythmus entsprach gar nicht mehr dem eines achtjährigen Kindes.

Sabrina durfte nicht laufen, nicht herumtollen, nicht fröhlich kreischen oder mit anderen Kindern kämpfen. Wie gerne hätte Sabrina eine sportliche Kampfart ausgeübt. Denn sie war vom Charakter her ein sehr lebhaftes Kind. Ein richtiger kleiner Wildfang mit ihren rotblonden Locken. Judo oder Karate-Sport hätten gut zu ihr gepasst. Aber ihre Krankheit erlaubte es ihr nicht, all das zu tun, was eigentlich für Kinder ganz normal und wichtig ist.

Am Sportunterricht durfte Sabrina nicht aktiv teilnehmen, sondern saß währenddessen auf ihrer Bank und schaute traurig zu. Mit der Zeit wurde Sabrina deswegen mehr und mehr auch von ihren Freunden beim Spielen ausgeschlossen. Die Freunde konnten mit ihr ja nichts anfangen. Im Gegenteil, Sabrina fühlte sich wie ein Fremdkörper in der Gemeinschaft. Wenn die anderen Kinder herum tobten, stand Sabrina traurig und allein in einer Ecke und dachte sich, wie schön es wäre, wenn sie mit den anderen laufen und spielen könnte.

Sabrina musste lernen, dass sie eine Krankheit hatte, bei der jede körperliche Anstrengung einen Erstickungsanfall auslösen konnte. Herumtollen auf der Wiese oder Kämpfen mit anderen Kindern konnten ihren Tod bedeuten. Man hatte ihr beigebracht, wie sie ihr Cortison- Spray bei Atemnot benutzen sollte. Dieser Flakon gehörte zu ihrem täglichen Leben.

Sie war ernst und sehr vernünftig und schien mir schon so erwachsen. Aber dennoch war sie ein kleines Mädchen von acht Jahren, das so viele Wünsche hatte. Wünsche, die für viele Kinder ganz alltäglich sind. Aber für Sabrina nur Träume blieben.

So saß Sabrina nun in meiner Praxis vor mir und mein Herz schmerzte mir vor Mitgefühl. In mir brannte nur ein Wunsch, nämlich der Wunsch diesem kleinen süßen Mädchen helfen zu können. Ihr dabei zu helfen gesund zu werden, ein kleiner Wildfang zu werden, der mit anderen Kindern herumtollt, ohne Cortison-Pumpe und ohne Atemnot. Diesem Mädchen zu helfen, endlich ein ganz normales Leben führen zu können.

Ich wusste, dass ich mehr Informationen über Sabrina brauchte. Was in ihrem Leben löste die Verkrampfungen in den Bronchien und Lungen wohl aus? Was war geschehen oder was belastete noch immer die kleine Seele dieses Kindes? Während sich Sabrina im Nebenzimmer einen Kinderfilm anschaute, bat ich ihre Mutter, mir alles über ihr Kind zu berichten, angefangen von der Schwangerschaft.

Sabrinas Mutter erzählte mir, dass es schon kurz nach ihrer Hochzeit mit Sabrinas Vater zu Spannungen kam. Sie stritten sich immer öfter und sprachen manchmal auch von Scheidung. Nach jedem Streit kam dann wieder die Versöhnung. Nur, dass mit der Zeit die Auseinandersetzungen zwischen den Beiden immer heftiger wurden. In dieser Zeit wurde sie schwanger. Die Eltern sahen die Schwangerschaft als einen Neubeginn ihrer Ehe an, und wollten mit dem Kind ihre Ehe retten. Beide freuten sich auf das Baby und glaubten an ihre Zukunft. Aber noch während der Schwangerschaft begann es wieder erneut zu kriseln. Der werdende Vater begann, seine eigenen Wege zu gehen und ließ seine schwangere Frau immer öfters allein.

Da war zwar ein kleines Wesen, das im Bauch der Mutter heranwuchs und auf das er sich sehr freute, aber auch dieses Kind konnte das Zerwürfnis zwischen den Eltern letztlich nicht reparieren

Die ständigen Streitigkeiten zwischen ihm und seiner Frau erinnerten ihn an seine Eltern. Zu sehr hatte er doch von klein auf erleben müssen, wie Vater und Mutter sich ständig stritten. Und wie der Vater nach jedem Streit das Haus verließ. Genauso machte er es jetzt auch und verbrachte viele Abende mit seinen Freunden. So muss schon die Schwangerschaft für dieses kleine heranwachsende Wesen eine starke Belastung gewesen sein. Es fühlte schon im Mutterleib, dass seine Eltern nicht in Harmonie und Liebe waren. Neun Monate durchlebte es die Streitigkeiten der Eltern und konnte sich nicht dagegen wehren.

Dann wurde Sabrina geboren. Beide Elternteile versuchten noch einmal, das Beste zu geben. Doch der Bruch in der Ehe wurde tiefer und tiefer und auch mit allen guten Vorsätzen ließ sich die Ehe nicht aufrechterhalten. Die Eltern wurden geschieden, als Sabrina knapp zwei Jahre alt war.

Die junge Mutter zog nach der Trennung von ihrem Mann mit ihrer kleinen Tochter zu ihren Eltern. In der darauffolgenden Zeit lernte sie ihren zweiten Mann kennen und heiratete ihn. Ihr zweiter Mann gab Sabrina seinen Nachnamen. Er liebte sie und sorgte für sie wie ein eigener Vater.

Was die Mutter von Sabrina mir da erzählte, hörte sich für mich gut an. Es gab doch ein Happy End für Sabrina. Eigentlich sollte doch alles in Ordnung sein. Warum aber war es bei Sabrina nicht so?

Sabrinas Mutter berichtete mir weiter, man hätte früh genug daran gedacht, Sabrina über ihren richtigen Vater aufzuklären. So wüsste Sabrina zwar, wer ihr richtiger Vater sei. Aber sie hatte ihn nie persönlich kennen gelernt. Da Sabrina als ganz kleines Kind adoptiert wurde, lernte sie ihren richtigen Vater nicht persönlich kennen. Dieser wiederum ging nach der Adoption seiner Tochter noch mehr in Ablehnung distanzierte sich von seiner Tochter total. Dennoch war das Verhältnis zu den Großeltern ihres Vaters gut. Sabrina hatte von klein auf gelegentlichen Kontakt zu den Eltern ihres richtigen Vaters. Die Großeltern liebten ihre Enkeltochter und waren mit dem Verhalten ihres Sohnes nicht einverstanden. Jedes Mal, wenn Sabrina bei den Großeltern übers Wochenende zu Besuch war, hörte sie diese laut über das Verhalten ihres Sohnes schimpfen. Er ging bei jeder Begegnung mit seiner Tochter aus dem Weg, und wenn sich eine Begegnung einmal nicht umgehen ließ, beachtete er seine Tochter einfach nicht. Wusste Sabrina auch nie, wer dieser fremde Mann war. Aber sie musste hin und wieder die heftigen Gespräche zwischen ihren Großeltern und ihrem Vater zwangsläufig mit anhören. Sie war noch zu klein, um zu erkennen, dass es um sie ging. Aber sie fühlte, dass etwas nicht in Ordnung war. Diese Blicke, mit denen sie angesehen wurde, machten ihr Angst.

Öfters fielen auch die Worte „Er liebt seine Tochter nicht". Dieser Satz brannte sich bei Sabrina tief in ihre kleine Seele ein. Die Großeltern ahnten ja nicht, dass ihre Äußerungen über ihren Sohn in der kleinen Seele Schaden anrichteten.

Sicher sie war noch zu klein, um zu begreifen und zu verstehen, was die Erwachsenen sich über sie und ihren richtigen Vater erzählten. Aber sie konnte fühlen. Fühlen, dass es dabei um sie und um einen

Menschen ging, der ihr nahestehen musste, sich aber nicht korrekt ihr gegenüber verhielt. Der Tonfall, in dem die Großeltern über sie und ihren Vater sprachen, machte ihr Angst. In ihr kroch ein Gefühl hoch und engte sie in der Brust ein. Sie spürte, wie ihr die Luft wegblieb. Sie fühlte in ihrer kleinen Seele, dass man ihr wehtat. Es gab da Jemanden, der wichtig für sie war, aber sie nicht wollte. Sie konnte noch nichts damit anfangen, aber sie spürte schon in dieser Zeit einen Schmerz in ihrer kleinen Brust. Sie war kein aufsässiges Kind. Sie schrie sich den Schmerz nicht von der Seele, sondern hielt ihn in ihrer kleinen Brust fest. Ihre Bronchien krampften sich immer öfters zusammen, so dass sie beim Atmen nicht mehr genug Luft bekam.

Die Beschwerden wurden mit der Zeit heftiger und konnten nur durch Cortison unterdrückt werden. Seit Jahren war Sabrina in ärztlicher Behandlung, aber leider konnte sie von ihrem Asthma bisher nicht geheilt werden. Nachdem ich alles über das Schicksal meiner kleinen Patientin erfahren hatte, sah ich Hoffnung für dieses kleine Mädel. Hoffnung ihr zu helfen, dass sie so wie alle Kinder wieder herumtollen, rennen und um ihr Glück kämpfen können würde.

Mit Sabrinas Mutter sprach ich die Therapie ab und sagte ihr, dass ich mit der Heilhypnose eine Chance sähe, ihr Kind vom Asthma zu befreien. Die Mutter war damit einverstanden. Anschließend sprach ich mit Sabrina und erzählte ihr, dass wir eine Traumreise machen würden und davon, was sie alles auf dieser Traumreise erleben würde. Sabrina war hellauf begeistert und so fingen wir ein paar Tage später mit der Therapie an.

Während die Mutter im Nebenzimmer wartete, legte sich Sabrina voll Vertrauen auf die Couch. Ich gab ihr ein kleines Kuscheltier in den Arm und deckte sie mit einer bunten Decke zu. Sie sah mich mit ernsten Blicken erwartungsvoll an. „Weißt du Sabrina", sagte ich zu ihr, „dass jeder von uns eine eigene Körper-Polizei hat? Eine, die aufpasst, dass man gesund bleibt, dass man immer gut gelaunt und fröhlich ist." Sie nickte und antwortete, dass sie so etwas schon im Fernsehen gesehen habe. „Siehst du Sabrina", sagte ich, „und so eine Körper-Polizei hast du auch in dir. Mit deiner Körper-Polizei wollen wir beide zusammen

arbeiten. Sie sollen dir helfen, wieder ganz gesund zu werden und alle deine Wünsche zu erfüllen." Als ich das sagte, strahlte sie mich an. Ich fragte sie: „Sabrina: wie viel Körper-Polizisten wünscht du dir denn?" Sie antwortete spontan: „Zehn Körper-Polizisten möchte ich haben!"
„Das ist sehr gut", erwiderte ich. „Und jetzt mach deine Augen zu, damit ich mit dir auf die Traumreise gehen kann."
Sie versuchte krampfhaft die Augen zu schließen, doch sie blinzelte immer wieder dabei. Im rechten Arm hielt sie das Kuscheltier. Sie lag ruhig und schien voller Erwartung zu sein. „So Sabrina", begann ich zu reden, „dein Kuscheltier liegt weich und gemütlich in deinem Arm. Deine Äugelchen werden müde, und langsam schließen sie sich mehr und mehr. In dir wird es ganz ruhig. Immer ruhiger und wohler fühlst du dich. Jetzt hörst du auf meine Stimme, und während du mir zuhörst wirst du noch ruhiger und fühlst dich wohl. Ich lege meine Hand auf dein Herzchen. Fühle mal, wie dein wunderbares Herz ruhig, gesund und gleichmäßig schlägt! Jetzt lausche mal auf deinen Atem, wie er ruhig und ganz leicht in dich hinein und wieder hinaus strömt. Spürst du, wie dein Atem, durch deinen Mund in dein Näschen strömt, weiter durch deinen Hals? Jetzt strömt der Atem in deine Brust. Ganz ruhig und leicht strömt dein Atem durch deine Brust bis in deinen Bauch. Deine Brust und auch dein Bauch werden ganz weit, warm und weich. Jedes Mal, wenn du einatmest, fließt dein Atem wie ein goldener Strom weiter. Alles in dir wird weit und frei, ganz weit und frei. Und wenn du ausatmest, strömt alles, was dich einengt hinaus. Wie ein goldener Strom fließt dein Atem leicht und frei hinunter bis in deine Beine und bis in die Füße. Jetzt weißt du, wie wunderbar dein Atem ist. Jedes Mal, wenn du einatmest, wird deine Brust ganz weit und du hast so viel Platz zum Atmen. Soviel Platz hast du in deiner Brust und du kannst ganz leicht und frei ein und ausatmen."
Während ich zu ihr sprach, beobachtete ich sie. Sie lag ruhig und sichtlich entspannt. Die rotblonden Locken umkringelten ihr Gesicht. Ihre Züge entspannten sich, und wurden ganz weich. Ihre Wangen röteten sich langsam und das Blinzeln ihrer Augenlider hatte aufgehört. Ich sah ihr an, wie gut es ihr tat.

Langsam sprach ich weiter. Und nun wo du dich so wohlfühlst, so kuschelig, so frei und sicher, gehst du auf eine Traumreise. Du siehst vor dir eine wunderschöne grüne Wiese und du stellst dir vor, wie leicht du ein- und ausatmest und langsam auf diese Wiese gehst. Auf dieser Wiese wachsen viele bunte Blumen. Gelbe Sonnenblumen, rote Mohnblumen, blaue Kornblumen, Gänseblümchen und noch viele mehr. Du kannst sie alle sehen. Schau mal hinauf in den blauen Himmel. Sieh, wie weit der Himmel ist und sieh wie die kleinen weißen Wolken langsam dahinziehen. Die liebe Sonne scheint nur für dich! Du hast so viel Glück, heute ist ein wunderschöner Tag. Es ist dein Tag. Denn heute triffst du deine Freunde, deine Körper-Polizisten. Siehst du dort mitten auf der Wiese, den grünen Busch, an dem ganz viele bunte Schmetterlinge auf den Blüten sitzen? Geh jetzt dorthin. Sabrina, ich verrate dir etwas: Dort hinter dem Busch haben sich deine Freunde versteckt. Sie wollen mit dir spielen. Du sollst sie suchen. Geh jetzt dorthin! Siehst du sie? Siehst du die bunten Zipfelmützen in dem Busch hin und her wackeln? Da sind deine Freunde. Sie sehen so lustig aus wie kleine Wichtelmänner mit bunten Zipfelmützen und bunten Anzügen. Geh zu ihnen und begrüße sie. Gib ihnen die Hand und sage ihnen, dass du dich freust, sie zu sehen.

Alle Zehn stellen sich in einer Reihe vor dir auf und dann kommt der erste zu dir. Er hat ein grünes Mäntelchen an eine grüne Zipfelmütze auf. Er gibt dir die Hand und sagt zu dir: 'Liebe Sabrina, ich bin der Gesundheitspolizist und bringe dir Gesundheit.' Danach kommt der zweite zu dir er hat ein blaues Mäntelchen an und eine blaue Zipfelmütze auf dem Kopf. Auch er gibt dir die Hand und sagt: 'Liebe Sabrina, ich bin der Luftpolizist und bringe dir viel Luft zum Atmen. Dann kommt der dritte zu dir, er hat ein rosa Mäntelchen an und eine rosa Zipfelmütze auf dem Kopf und sagt: 'Liebe Sabrina, ich bin der Kraftpolizist und bringe dir viel Kraft.' Jetzt kommt der vierte. Er hat ein rotes Mäntelchen an und eine rote Zipfelmütze auf dem Kopf und sagt: ‚Liebe Sabrina, ich bin dein Glückspolizist und bringe dir immer Glück.' Dann ist der fünfte an der Reihe. Er trägt ein türkisfarbenes Mäntelchen und hat eine passende Zipfelmütze auf dem Kopf. Er sagt:

‚Liebe Sabrina, ich bin der fröhliche Polizist und bringe dir immer Freude.' Jetzt steht der sechste vor dir, er hat ein orangenes Mäntelchen an und eine orangene Zipfelmütze auf dem Kopf. Er sagt: ‚Liebe Sabrina, ich bin der Laufpolizist und mache, das du immer gut laufen kannst.' Jetzt ist der siebte dran er hat ein lila Mäntelchen an und eine lila Zipfelmütze auf dem Kopf und sagt: ‚Liebe Sabrina, ich bin der Lesepolizist und helfe dir, das du immer gut lesen kannst.'
Nun steht der achte vor dir, er trägt ein grünes Mäntelchen und hat eine grüne Zipfelmütze auf dem Kopf und sagt: ‚Liebe Sabrina, ich bin der Schreibpolizist und helfe dir, das du immer gut schreiben kannst.' Jetzt ist der neunte an der Reihe. Er hat ein schwarzes Mäntelchen an und eine orange Zipfelmütze auf dem Kopf und sagt: ‚Liebe Sabrina, ich bin der Nachhilfepolizist und helfe dir, dass du immer gut lernen kannst.' Und da kommt der zehnte und letzte Polizist, der hat ein grünes Mäntelchen an und eine grüne Zipfelmütze auf dem Kopf. Er sagt: ‚Liebe Sabrina, ich bin der Polizist mit den meisten Fähigkeiten und ich helfe dir, das du klug wirst, groß und wunderschön.'"
Sabrina stand da und es war für sie schön, so reich beschenkt zu werden. Ich sagte zu ihr: „Sabrina bitte bedanke dich jetzt bei deinen Freunden für all das, was sie dir geschenkt haben. Ab heute bist du nicht mehr allein, du hast jetzt viele Freunde, die immer bei dir sind Tag und Nacht. Wenn du sie rufst, sind sie da. Jetzt wird alles gut. Lächle deine Freunde noch einmal an, gib jedem die Hand und verabschiede dich von ihnen. Du weißt ja jetzt, wo sie sind. Du kannst jederzeit mit ihnen Verbindung aufnehmen. Indem du deine Augen schließt, siehst du deine Freunde auf der Wiese. Du winkst ihnen jetzt noch einmal zu und kommst langsam wieder zurück in dieses Zimmer. Du bist jetzt wieder im Zimmer liegst auf der Couch und du fühlst dich wohl, frei und ganz leicht und jetzt kannst du deine Augen wieder aufmachen."
Ich schaute sie an, sah ihre geröteten Wangen. Glänzende Augen strahlten mich an. „Und, wie war es für dich?", fragte ich sie. „Es war schön", antwortete sie verlegen. „Die Körper-Polizisten sind ab heute meine Freunde, haben sie gesagt. Und sie beschützen mich Tag und

Nacht." Und sie erzählte weiter, sie sei auf der Wiese gelaufen und konnte ganz leicht atmen. „Ich habe auch die bunten Blumen gesehen und einen Fluss, der an der Wiese vorbei floss. Ich habe zwei Häschen gesehen, die über die Wiese liefen." Es war fürs erste Mal sehr gut. Sie konnte die ganze Zeit, ruhig liegen bleiben, konnte meinen Worten folgen und ihre Phantasie einsetzen. Nachdem ich mir alles notiert hatte, brachte ich Sabrina zu ihrer Mutter ins Nebenzimmer und Sabrina erzählte ihr voller Eifer, was sie auf der Traumreise erlebt hätte und wie schön es gewesen war. Ich bat Sabrina, mir für die nächste Woche ihre Freunde, die Körper-Polizisten auf einem Blatt Papier aufzumalen. Sabrina kam von da an jede Woche einmal zur Therapie. In der zweiten Woche hatte sie mir einen Bilderkatalog mitgebracht, auf dem sie ihre Körper-Polizisten aufgemalt hatte. Mit diesen Bildern arbeiteten wir dann jede Woche. Sie wusste ja, wovon ich sprach. Von Mal zu Mal machte sie gesundheitliche kleine Fortschritte. Musste sie vorher täglich achtmal Cortison sprühen, so war es jetzt nur noch vier Mal. Aber auch ihr Selbstwertgefühl begann in gleicher Zeit zu wachsen. Sie traute sich mehr zu.

Nachdem ich sah, wie gut es ihr ging, nahm ich mir vor, sie von nun an auf ihrer Traumreise aktiver werden zu lassen. Ich wollte ihr zeigen, dass sie wieder spielen, laufen und kämpfen konnte, ohne in Luftnot zu geraten. Auf diese Weise sollte sie stärkeres Vertrauen in sich selbst bekommen.

Wieder einmal lag sie auf der Couch und reagierte auf meine Worte mit ruhigem Ein- und Ausatmen. Durch dieses entspannte Atmen senkte sich ihre Brust gleichmäßig auf und ab. Sie lag da und hatte die Augen geschlossen. Ihr Kuscheltier war in ihrem Arm und meine Hand ruhte auf ihrer Schulter. Sie wartete auf meine Worte und war bereit, ihnen zu folgen.

Ich begann mit den Worten: „Sabrina, du gehst jetzt wieder auf deine Traumreise. Du stellst dir vor, du bist auf einer wunderschönen großen, grünen Wiese. Hier fühlst du dich frei, du atmest ganz leicht und frei ein und aus. Sieh mal, auf dieser Wiese blühen viele kleine Gänseblümchen. Gehe durch das Gras und fühle unter deinen Füßen, wie weich es ist. Ganz warm und weich. Schau mal hinauf in den weiten blauen Himmel. Siehst du die kleinen weißen Wolken am Himmel, wie sie ganz ruhig und gemütlich am Himmel dahin ziehen? Die Sonne schickt ihre goldenen Strahlen zu dir hinunter und lacht dir zu. Sie scheint nur für dich. Sieh mal, die schönen bunten Schmetterlinge, wie sie von Blume zu Blume fliegen. Alles ist wunderschön und du fühlst dich sehr wohl. Mitten auf der grünen Wiese liegt eine bunte, weiche Decke und auf dieser Decke sitzen deine Freunde, deine Körper-Polizisten. Sie winken dir zu und warten schon auf dich. Geh hinüber zu ihnen. Sie machen dir in ihrer Mitte Platz und du setzt dich auf die Decke zu ihnen in die Mitte.

Deine Freunde gruppieren sich um Dich herum und begrüßen dich ganz lieb. Schau sie dir an, wie hübsch sie aussehen, mit ihren bunten Zipfelmützen und Anzügen. Es sind deine Freunde, sie sind stark, mutig, und sie helfen dir, nur dir. Denn es sind ja deine Freunde.

‚Wir möchten mit dir spielen Sabrina', rufen deine Freunde und der mit der blauen Mütze hat eine bunte Dose mit Seifenblasen in der Hand. Er bläst große Seifenblasen in die Luft. Viele große bunte Seifenblasen fliegen hoch in den blauen Himmel. Ihr springt alle von der Decke auf und lauft den Seifenblasen hinterher. Ihr versucht die Seifenblasen zu fangen. Ihr lauft und lauft immer schneller. Je schneller du läufst, umso besser kannst du atmen, ganz leicht und ganz frei.

Es macht dir viel Freude und Spaß, mit so vielen guten, starken und mutigen Freunden zu spielen. Du lachst die ganze Zeit und du fühlst dich gesund, stark und mutig. Je ausgelassener du spielst, umso besser kannst du atmen. Ganz leicht atmest du ein und aus. Du bist gesund, stark und mutig. Du kannst laufen, toben und kämpfen, so viel wie du willst. Deine Lungen und Bronchien sind gesund und stark. Spürst du, wie leicht du atmest?

Du kannst jetzt immer ganz leicht atmen. Wenn du einatmest, wird deine Brust ganz weit. Wie der Himmel über dir, so weit wird deine Brust. Von nun an wirst du immer leicht und frei atmen. Du weißt ja, deine Freunde sind bei dir und helfen dir beim Atmen. So, und nun

habt ihr genug gespielt und macht eine Pause. Ihr legt euch alle wieder auf die bunte Decke im grünen Gras.
Du sitzt in der Mitte, und um dich herum sitzen deine Freunde. Deine Freunde schauen dich ganz lieb an. Sie hören dir zu und du kannst ihnen jetzt alles erzählen, was dich bedrückt, was dich ärgert. Deine Freunde kennen und lieben dich. Sie möchten alles für dich tun. Deine Freunde sind mutige, starke und gesunde fröhliche Gesellen, die dich Tag und Nacht beschützen. Du wirst geliebt und immer beschützt.
Wenn du in der Schule bist, sind sie da. Sie helfen dir beim Lernen. Sie geben dir Konzentration, damit du jede Aufgabe leicht und schnell lösen kannst. Wenn du zuhause spielst, schicken sie dir ganz viel Luft zum Atmen, Freude und Kraft, damit du immer mit anderen Kindern fröhlich zusammen spielen kannst. Wenn du abends zu Bett gehst, beschützen sie deinen Schlaf. Jede Nacht kannst du wunderbar durchschlafen, tief und gesund bis zum Aufstehen. Wenn du morgens wach wirst, machen deine Freunde dich frisch und munter.
Du freust dich auf jeden Tag, auf die Schule. Dir fällt von jetzt an alles leicht. Du schaffst alles, was du dir wünschst, denn du hast ja Freunde, die dir immer helfen. Jeden Tag und jede Nacht. Du hast es gut. Du kannst dich immer freuen. Du bist gesund, mutig, stark und klug. Genau wie eine große Sonnenblume schön und stark ist, bist das auch du. Du kannst alles schaffen. Was andere Kinder können, das kannst du auch. Wenn du dir etwas wünschst und ganz, ganz fest daran glaubst, wird es sich erfüllen.
Jetzt wird es wieder Zeit. Verabschiede dich nun von deinen Freunden, umarme alle zehn und bedanke dich bei ihnen. Du kannst ja jederzeit mit ihnen Kontakt aufnehmen. Wenn du an sie denkst, helfen sie dir sofort. Egal wo du bist, ob in der Schule oder zu Hause, deine Freunde sind immer für dich da. Sie lieben und beschützen dich."
Behutsam weckte ich sie. Langsam öffnete sie ihre Augen und ich sah in zwei blaue leuchtende Sterne. Da war keine Ernsthaftigkeit mehr in diesem Blick. Ich sah nur Glück in ihren Augen. Sie sah wunderschön aus. Ich fragte sie: „Wie war deine Traumreise, hat sie dir gefallen?"
Sprudelnd brach es aus ihr heraus: „Ich bin über die Wiese gelaufen

und konnte ganz leicht atmen. Ich habe viele Seifenblasen gefangen, meine Freunde haben mich lieb und mir gesagt, dass sie mich ganz gesundmachen und immer für mich da sind. Ich habe mich auch bei ihnen bedankt. Ich weiß jetzt, wo sie sind und da kann ich ja so oft hin, wie ich will." Aus diesen Worten hörte ich, dass sie Vertrauen zu sich selbst gefunden hatte. Sie wusste jetzt, dass sie geliebt wurde, und das machte sie glücklich. Sie fühlte sich nicht mehr allein. Sie hatte Körperpolizisten als Freunde und glaubte fest an ihre Existenz. Sie g war fest davon überzeugt, dass diese ihr von nun an Tag und Nacht helfen würden.

Ihre Asthmaanfälle blieben fortan aus. Eines Tages half sie ihren Eltern beim Speicher aufräumen. Bei diesem Aufräumen wurde massiv viel Staub aufgewirbelt. Aber das machte ihr nichts mehr aus. Die Atemnot blieb aus, sie brauchte nicht mehr zu niesen und hatte auch keine tränenden Augen mehr. Sie war gesund und wusste, dass sie gesund bleiben würde. Jetzt konnte sie sich ihre Wünsche erfüllen.

Ihre Mutter meldete Sabrina zu einem Karate-Kurs an. Sabrina wurde eine der Ehrgeizigsten und Besten. Es machte ihr Freude, denn sie konnte jetzt aller Welt beweisen, dass sie gut war. Gut genug, um geliebt zu werden. In der Schule veränderte sich ihr Verhalten gegenüber ihren Mitschülern. Sabrina stand nicht mehr in der Ecke. Sie ließ sich nichts mehr gefallen. Sie sagte ihre Meinung und setzte sich durch. Mit ihren überdurchschnittlich guten Leistungen wurde sie eine der Besten in der Klasse.

Ihre Mutter erzählte mir einmal von einem wunderschönen Erlebnis. Wie immer wollte die Mutter ihrer Tochter die wilde Lockenpracht kämmen. Der Kamm verklettete sich im dicken Haar und ließ sich nicht mehr daraus befreien. Fünf Minuten lang hatte die Mutter versucht, den Kamm aus dem Haar zu entwirren. Zum Schluss sah sie nur noch einen Ausweg, nämlich die Haare abzuschneiden. In ihrer Verzweiflung sagte die Mutter zu Sabrina: Sprich doch mal mit deiner Körper-Polizei, und bitte sie, dir zu helfen. Sabrina sei danach ganz still geworden, so als würde sie mit jemanden sprechen und dann mit einem Mal ließ sich der Kamm weich wie Butter aus dem Haar ziehen. Dieses Erlebnis

berührte mich tief. Dieser kleine Spatz hatte den Schlüssel zu sich selbst gefunden. Sie glaubte fest an sich.
Ich sehe ihrer Zukunft und ihrem Leben gelassen entgegen. Sabrina hat den Schlüssel zu ihrer kleinen Seele gefunden und gelernt damit umzugehen.

Mit dem weißen Traumschiff nach Amerika

Frau Heike N. war mit ihren 47 Jahren im besten Alter. Ihre zwei erwachsenen Kinder waren aus dem Haus, und somit hätte sie eigentlich jetzt die Zeit, ihr Leben in vollen Zügen zu genießen.
Aber ihr Asthma, unter dem sie seit zwanzig Jahren litt, hinderte sie daran, sich des Lebens zu erfreuen. Ihr Gesundheitszustand verschlimmerte sich in der letzten Zeit stetig mehr und nahm ihr die Freude am Leben. Denn zu ihrer Atemnot, unter der sie sich ständig in Todesangst fühlte, kamen auch noch Migräneanfälle hinzu. Es gab keinen Tag, an dem sie sich einmal wohl fühlen konnte. So machte ihr das Leben keine Freude mehr. Sie fühlte sich innerlich wie eine achtzigjährige Frau.
Sie litt unter Hausstaub-, Federn- und Pollen-Allergie. Bei der geringsten Berührung mit diesen Allergenen schwollen ihr die Augen zu. Die Mundschleimhaut wurde dick an und sie bekam Atemnot in bedrohlichem Maße. Ihre Lungen und Bronchien waren durch die Medikamente schon angegriffen. Ständig trug sie ihr Cortisonspray mit sich und musste es sehr oft benutzen.
Sie erzählte mir von ihren Hobbys: Sie war einmal eine gute Tennisspielerin gewesen und hat diesen Sport mit Leidenschaft ausgeübt. Jetzt war es ihr nicht mehr möglich, zum Spielen brauchte sie Luft und die fehlte ihr. Gefühle der Unlust und Resignation machten sich in ihr breit. Sie hatte schon so vieles versucht, um wieder gesund und leistungsfähig zu werden. Aber jedes Mal, wenn es ihr nach einem neuen Medikament etwas besser ging, war das nur von kurzer Dauer. Ihr selbst schien es, als würde ihr Körper immer aggressiver auf die Medi-

kamente reagieren. Sie fühlte sich in ihrer eigenen Haut nicht mehr wohl. Dann sprach sie zu mir über ihr Leben. Sie erzählte mir, dass sie geschieden sei und jetzt in einer neuen Partnerschaft lebe. In der ersten Ehe war sie die, die immer schlucken musste, um des lieben Friedens Willen. Sie hatte nicht die Kraft, sich gegen ihren Mann zu wehren oder sich mit ihrer Meinung durchzusetzen. In ihrer Ehe wurde über Probleme nicht diskutiert und sie hatte das Gefühl, als würde man ihr die Luft abschneiden. So stauten sich ihre Gefühle im übertragenen Sinn gewissermaßen in den Lungen und Bronchien. Sie blockierten die Atemwege, und ihr Asthma-Leiden begann.

Sie begab sich von da an in medizinische Behandlung. Ihr wurden Cortison und Tabletten verordnet, die sie täglich einnehmen musste, um einigermaßen leben zu können. Nach zwanzig Jahren Ehe wurden die Gefühle der Abneigung übermächtig in ihr und sie gewann die Kraft, sich scheiden zu lassen. Hiernach ging es ihr gesundheitlich immer besser. Ihre-Asthma Anfälle wurden weniger und sie bekam besser Luft, bis sie dann eine neue Partnerschaft einging. Die Gefühle der vergangenen Jahre, ihre Qualen waren wohl noch nicht verarbeitet und das Spiel begann von vorne. Ihr neuer Partner, der ihr Geschäft mitfinanziert hatte, wollte i in der Firma auch mitbestimmen. Er mischte sich in die Personalführung ein, und so fühlte sie sich in ihrer Selbstständigkeit verunsichert. Das Personal im Geschäft bekam die Spannungen zwischen den beiden mit. Die Angestellten nutzten diese Situation für sich aus. Frau Heike N. wurde dadurch immer noch unsicherer. Sie schaffte es nicht, sich in schwierigen Situationen mit Worten durchzusetzen. Statt zu reden, schwieg sie, und die Gefühle stauten sich wieder in den Lungen und in den Bronchien. Da saß sie nun vor mir und sah mich resigniert an. Aber ich sah, dass da auch etwas Hoffnung in ihren großen Augen war. Ich sagte zu ihr: „Es ist nicht Ihr Partner, der Sie krank macht. Es sind Ihre Gefühle, die Sie krank machen. Das Gefühl, sich nicht verbal wehren zu können, sich ausgeliefert zu fühlen. Sie fühlen sich dadurch allein gelassen, nicht verstanden und minderwertig. Aber das sind Sie nicht. Sie sind eine starke Frau

und Sie wissen genau was Sie wollen. Was ihnen fehlt, ist der Glaube an sich selbst."
Ich klärte sie über die Therapie-Hypnose auf und welche Möglichkeiten ich hätte, ihr damit zu helfen. Sie war mit dieser Behandlung einverstanden. Ich gab ihr eine Information über die Therapie mit nach Hause und bat sie, sich diese aufmerksam durch zu lesen. Dann vereinbarten wir einen neuen Termin.
Sie kam zur ersten Therapie-Hypnose und war etwas aufgeregt. Aber das war ich von meinen Patienten schon gewöhnt. Ich sagte zu ihr, dass sie jederzeit die Therapie beenden könne. „Alles geschieht nur nach Ihrem Wollen, und wenn Sie etwas während der Therapie stören sollte, heben Sie die Hand und wir reden darüber, was sie stört." Meine Worte beruhigten sie und sie legte sich auf die bequeme Liege. Ich bedeckte sie mit einer leichten Decke und stellte das Kopfteil höher, bis es ihr angenehm war. Sie hatte Vertrauen zu mir und das war wichtig.
Ich setzte mich neben sie, maß ihren Blutdruck und notierte mir die Werte. Dann bat ich sie, die Augen zu schließen und nur noch auf meine Worte zu hören. Leise spielte die Musik im Hintergrund und wirkte zusehends entspannend auf sie. Ich sagte zu ihr: „Sie atmen jetzt ruhig und gleichmäßig ein und aus. Jeder Atemzug bringt Ihnen die Ruhe, die Sie sich wünschen. Ihr Herz schlägt kraftvoll und gesund. Ihr Kreislauf strömt gleichmäßig durch alle Organe. Diese Ruhe, die Sie mit jedem Atemzug in sich hinein atmen, löst alle Verkrampfungen, alle Spannungen in Ihrem Brustkorb. Die Gefäße in den Bronchien und Lungen entspannen sich, werden frei und weit gestellt. So gleichmäßig strömt der Atem durch die Bronchien und Lungen. Jeder Atemzug bringt Sauerstoff in die Lungen und die Lungen geben den Sauerstoff in den Blutkreislauf ab. Ihr ganzer Körper wird frischer und Leistungsfähiger. Sie fühlen sich immer befreiter und geben sich diesem wohligen Gefühl einfach hin." Ich sah sie an, sie entspannte etwas. Ihre Gesichtszüge wurden glatt und weich. Dennoch fühlte ich, dass sie tief in sich immer noch verkrampft war. Ich hatte zwanzig Minuten lang zu ihr geredet und fühlte, dass es für das erste Mal genug war. Ich kam langsam zum

Ende und zählte von eins bis sechs. Dann bat ich sie, die Augen zu öffnen. Sie sah mich an und lächelte ein bisschen. Sie schien froh darüber zu sein, dass die erste Sitzung zu Ende war.

Ich sagte ihr, wie gut sie reagiert hätte. Dann bat ich sie, mir ihre Eindrücke während der Therapie zu erzählen. Sie berichtete von einem Druck auf der Brust, der entstand, als ich Ruhe und Weite in der Brust an gesprochen hatte. Ich sagte zu ihr, dass das ein gutes Zeichen sei. Zeigt es mir doch, wie gut sie auf meine Worte reagierte.

Ich notierte mir alles, was sie erlebt hatte. Dann machten wir den nächsten Termin aus und sie fuhr entspannt nach Hause.

Auch in der zweiten Behandlung fühlte sie wieder eine Schwere auf der Brust.

In der dritten Behandlung konnte sie zum ersten Mal so tief entspannen, dass sie mich zeitweise nicht bewusst hörte. Das Vertrauen, das sich zwischen uns entwickelt hatte, wurde stärker. Ich bat sie, für die nächste Therapie alle ihre Wünsche, auf zu schreiben.

Als sie zur vierten Therapie erschien, hatte sie ein großes beschriebenes Blatt dabei, auf dem ihre Wünsche standen. Diese Wünsche sollten die Grundlage für die heutige Therapie sein.

Sie hatte den Wunsch geäußert, selbstbewusster zu sein, sich mehr zuzutrauen. Sie wollte sich wehren können. Sie wünschte sich in jeder Situation ruhig und sicher reagieren zu können. Aber ihr Traum war es auch schon immer gewesen, mal eine große Reise zu machen. Mit einem großen weißen Luxusdampfer auf dem Meer nach Amerika fahren, das war ihr Traum. Sie wollte elegant auf dem Schiff erscheinen. Auf dem Kopf wünschte sie sich einen großen Hut mit breiter Krempe und dazu ein blau gepunktetes weites Kleid.

Ich freute mich darauf, ihr diese Wünsche imaginär erfüllen zu können. Und bat sie wie immer, auf der Liege Platz zu nehmen. Dann deckte ich sie leicht zu, so wie es für sie angenehm war. Ich setzte mich neben sie, maß ihren Blutdruck und notierte mir die Werte. Dann legte ich meine Hand auf ihre Schulter und bat sie, die Augen zu schließen. Ich sagte: „Sie atmen gleichmäßig und ruhig ein und aus. Ihr Kreislauf ist stabil. Ihr Herz schlägt gesund und kraftvoll. Sie fühlen wie die Ruhe, die Sie jetzt mit jedem Atemzug in sich aufnehmen, Ihren Oberkörper weit und frei macht. Ihre Bronchien und Ihre Lungen entspannen sich mit jedem Atemzug mehr und mehr. Alle Stauungen, alle Blockaden in den Gefäßen lösen sich auf. Die Bronchien werden weit und frei." Leise spielte Musik im Hintergrund und ich fühlte, wie sie sich langsam entspannte. Ihre Augen waren geschlossen. Ihr Gesicht entspannte sich und die Wangen wurden rosa durchblutet. Ihr Gesicht sah jung und glatt aus. Ich sagte zu ihr, sie solle sich jetzt vorstellen, sie wäre in Genua im Hafen und vor ihr liegt ihr Traumschiff, ein weißer Luxusdampfer. „Stellen Sie sich vor, wie Sie jetzt langsam, ruhig und ganz sicher an Bord gehen. Sie sehen gut aus und alle Leute schauen bewundernd zu ihnen herüber. Sie tragen ein weites blau gepunktetes Sommerkleid, das Ihre schlanke Figur vorteilhaft zur Geltung bringt. Auf dem Kopf tragen Sie einen großen, hellen, modernen Hut mit einer breiten Krempe. Sie fühlen sich sicher. Ruhig und selbstbewusst gehen Sie Schritt für Schritt langsam an Bord Ihres Traumschiffes. Es ist ein wunderschöner Sommertag. Sie spüren den warmen Wind in Ihrem Haar. Die Luft riecht nach Meer frisch und salzig und Sie atmen diese gesunde frische Meeresluft ruhig und tief in sich ein. Sie fühlen sich frei von allen Sorgen. Frei von allen Problemen. Weit fort ist jetzt der Alltag, weit fort. Sie sind frei und es ist Ihr Wunsch, diese Reise zu machen. Genießen Sie diese Reise. Denken Sie daran, Sie sind wichtig. Dass Sie sich wohl fühlen, nur das ist wichtig. Sie machen alles richtig. Sie sind selbstbewusst genug, alles zu schaffen, was Sie sich vornehmen. Nachdem Sie Ihr Gepäck in die Kabine gebracht haben, gehen Sie wieder an Deck. Das Schiff hat bereits abgelegt und befindet sich auf dem Meer. Sie gehen an die Spitze des Schiffes und schauen auf das weite blaue Meer. Sie fühlen sich frei. Sie atmen diese frische, reine Luft tief in sich ein. Ihre Bronchien und Ihre Lungen füllen sich bei jedem Atemzug mit dieser Sauerstoffreichen Luft. Sie fühlen, wie Ihr Brustkorb immer freier immer weiter wird. Sie fühlen, wie Ihr Atem ganz leicht hinein strömt. Wie Ihre Bronchien und Lungen immer weiter und freier werden. Ein Gefühl der Freiheit durchströmt Sie. Mit jedem Atemzug lassen Sie alle Stauungen raus.

Sie machen sich frei von allen Zwängen. Diese Freiheit lassen Sie sich nicht mehr nehmen. Sie sagen in Zukunft immer Ihre Meinung, ruhig, höflich aber bestimmt. Sie finden immer die richtigen Worte zur richtigen Zeit. Denken Sie daran, Sie sind wichtig und nur Sie bestimmen über sich. Niemand hat das Recht, Sie zu beeinflussen oder zu etwas zu zwingen. Sie setzen sich durch in Ihrem Leben. Sie sagen immer offen Ihre Meinung und finden jetzt eine neue Einstellung zu Ihrem Leben und Ihren Mitmenschen, voll Ruhe und Selbstvertrauen. Sie halten Ihre Meinung nicht mehr zurück und darum auch Ihren Atem nicht mehr. Sie stehen entspannt an der Reling und schauen auf das blaue Meer, das weit und ruhig vor ihnen liegt. Diese Weite überträgt sich auf Sie und Sie fühlen diese Weite in Ihrer Brust. Alles in Ihnen ist und bleibt weit und frei. Auch in Zukunft atmen Sie immer leicht und frei ein und aus.
Denn das Selbstvertrauen, und dasss Sie zu sich selbst gefunden haben, lässt Sie immer frei und leicht atmen." Ich sah, wie gut ihr diese positiven Worte taten. Ihr Gesicht sah jung und entspannt aus. Ihr ganzer Körper entspannte sich mehr und mehr. Ich kam langsam zum Ende der Therapie und führte sie wieder in die Gegenwart und in das Zimmer zurück. Dann bat ich sie die Augen zu öffnen. Sie öffnete langsam ihre Augen. Ihre Augen leuchteten und strahlten mich richtig glücklich an. Sie sagte zu mir: „Das war schön, ich war wirklich auf dem Schiff. Ich war ganz ruhig, trotz der vielen Leute die an Bord waren. Ich konnte spüren, wie das Schiff durch die Wellen lief. Ich spürte den warmen Wind und konnte das Meer riechen. Ich fühlte mich wirklich frei und atmete ganz leicht."
Sie ging nach dieser Therapie sicherer und selbstbewusster nach Hause. Etwas Positives war in dieser Stunde mit ihr geschehen. In ihr hatte sich ein großer Stau gelöst. Sie fühlte sich befreit.
Als sie zur nächsten Sitzung erschien, ging es ihr wunderbar. Die Atemnot war nicht mehr da. Sie brauchte höchstens noch einmal am Tag ihr Cortisonspray. Man sah ihr an, dass sie wieder auflebte. Sie war nun voller Hoffnung. In unserem Gespräch erzählte sie mir aus ihrer Kindheit. Ihr Vater war, als sie elf Jahre alt war, zuhause im Ne-

benzimmer der Kinder an einem Herzinfarkt verstorben. Heike N. und ihre Schwester wurden noch in der gleichen Nacht zur Oma gebracht. Die Kinder sollten den tragischen Tod des Vaters nicht so mitbekommen. Es wurde den Kindern gesagt, der Vater sei krank und sie sollten zur Oma, um den Vater nicht zu stören. Am nächsten Tag wurde den Kindern dann mitgeteilt, dass der Vater gestorben sei. Ihre Mutter konnte nicht weinen und auch den Kindern wurde das Weinen untersagt. So unterdrückte Heike N. ein Leben lang den Schmerz um ihren Vater. Ich klärte Heike N. darüber auf, dass dieses Erlebnis in ihrer Kindheit später mit zu ihrem Asthma beigetragen haben könnte. Dann fragte ich Heike N., ob sie sich stark genug fühle, um sie in der heutigen Hypnose-Sitzung zu ihrem Vater zu führen. Sie nickte. Nachdem sie entspannt und ganz ruhig lag und auf meine Worte hörte, führte ich sie in ein friedliches Dorf, dort, wo die Menschen liebevoll miteinander umgehen. In diesem Dorf gab es eine Kirche und ich leitete sie in diese Kirche. Die Kirche war hell und freundlich ausgestattet. Sie ging den Gang hinunter bis zum Altar, ich sagte zu ihr, sie werde jetzt jemanden auf sich zukommen sehen und deutlich erkennen, wer das ist. „Ihr Herz ist mit Heckenröschen umrankt, die sich jetzt öffnen. Jetzt ist Ihr Herz. Ich werde jetzt für ein paar Minuten nicht reden, gehen Sie ruhig weiter."
Ich wurde still. Meine ganze Aufmerksamkeit war auf sie gerichtet. Eine Minute lang geschah nichts, dann aber fing sie an zu weinen und weinte. Ich strich ihr leicht über das Haar und bat sie, ruhig weiter zu weinen. Lassen Sie alles raus, was Sie ein Leben lang belastet hat."
Nach fünf Minuten hörte sie auf zu weinen, hatte die Augen aber immer noch geschlossen. Ich kam zum Ende der Therapie, gab ihr Worte der Kraft und Ruhe mit in den Tag und zählte wieder von eins bis sechs. Sie öffnete ihre Augen. Sie schimmerten feucht und wie Samt. Ihre Augen sahen so klar aus, wie in einem Bergsee konnte man darin bis auf den Grund sehen. Es war so viel Liebe darin und ich wusste, sie hatte etwas Wunderschönes erlebt. Ich bat sie, mir davon zu erzählen. Sie sagte: „Als ich in der Kirche war, hatte ich zuerst Angst, vor dem, was auf mich zukommt. Ich ging auf einem roten Teppich durch den

Gang hin zum Altar. Als ich vorne ankam, sah ich jemanden in der Bank sitzen. Ich kam näher und näher und mein Herz klopfte mir bis zum Hals. Da stand die Gestalt in der Bank auf und kam auf mich zu. Ich erkannte meinen Vater und wir fielen uns in die Arme. Wir setzten uns beide in die Bank und ich schmiegte mich an ihn. Er nahm mich in den Arm und nannte mich sein Röschen. Das hatte er auch immer zu mir gesagt, als ich noch klein war. Das Gefühl, der Schmerz um ihren Vater, den sie ein Leben lang mit sich herum getragen hatte, konnte sie jetzt verarbeiten und auflösen. Von diesem Tag an ging es nur noch aufwärts mit ihr. Sie nahm ihr Geschäft selbst in die Hand und führte ihr Personal mit einer Sicherheit und Ruhe, dass bald alle von ihrer Chefin schwärmten. Sie erkannte nun auch, dass ihr Partner eigentlich nur das Beste für sie gewollt hatte. Er wollte ihr nur helfen. Heute ist sie so sicher und stark geworden, dass sie ihr Geschäft erfolgreich als Unternehmerin führt. Ein halbes Jahr später bekam ich die Einladung zu ihrer Hochzeit. Sie ist bis heute eine glückliche und selbstbewusste Frau. Sie weiß, was sie will und setzt sich durch. Sie sagt immer offen ihre Meinung, ruhig, höflich, aber bestimmt. Sie ist ein Mensch, der mit den anderen Menschen zurechtkommt. Sie lässt jeden leben, so wie er will. Aber wer sie um Hilfe bittet, der bekommt ihre Hilfe selbstlos und ohne Gegenleistung.

Aus Liebe leiden

An einem Dienstagmorgen im September rief mich Frau Sieger an und sagte, sie hätte gerne einen Termin für ihren Mann. Ihm ginge es sehr schlecht. Ständig hätte er Durchfall, Magenkrämpfe und Erbrechen. Sie hätte durch Freunde von mir erfahren und erhoffe sich durch mich Hilfe für ihren Mann. Alles, was sie bisher unternommen hatten, habe keine Besserung gebracht.
Wir machten noch in der gleichen Woche einen späten Termin aus. Da kam nun Herr Sieger und seine Frau begleitete ihn. Von diesen beiden Menschen ging eine innige Verbundenheit aus und man sah ihr an, dass sie große Ängste um ihren Mann hatte.

Ich bat beide, Platz zu nehmen. Herr Sieger setzte sich nur zögerlich hin, als schien es ihm Überwindung zu kosten. Er schaute mich nicht gerade jubelnd an. Ich sah Zweifel in seinen Augen, Skepsis und er wollte nicht mit der Sprache heraus. Er kam mir vor wie jemand, den man mit Gewalt zu mir geschleift hatte. Dabei hatte seine Frau richtig gehandelt, es musste etwas geschehen, sonst ginge es ihm immer schlechter. Herr Sieger sah bleich aus, sein Gesicht war eingefallen und man sah es ihm an, dass er stark abgenommen hatte. Er wirkte sehr schwach auf mich.

Ich sah seine Frau an. Sie war eine hübsche, schlanke Frau mit goldblonden Haaren. Ja, und das war es, was mich beeindruckte, denn alles, was ich von ihren schönen blonden Haaren sah, waren kleine, sich um neues Wachstum bemühende Härchen. Sie sah aus wie ein goldblonder Igel, aber ihre Haare, - wenn auch erst wieder im Begriff zu wachsen - leuchteten wie ein neues Leben. Ich sah in das Gesicht dieser hübschen Frau, sah ihre Augen, und erkannte sofort, dass diese Frau eine schwere Krankheit hinter sich hatte.

Ich konzentrierte mich wieder auf ihren Mann, denn um ihn ging es jetzt erst einmal. Meine ganze Aufmerksamkeit und mein Mitgefühl galten Herrn Sieger Ich erkannte sofort, dass er litt. Er versuchte Haltung zu bewahren, wollte seine Schwäche nicht zeigen. Ich akzeptierte das und fragte ihn, wie lange er diese Beschwerden schon hätte und was bisher getan wurde, um ihm zu helfen. Er zählte mir auf, was bisher bei ihm unternommen wurde, aber bis heute keine Linderung gebracht hatte. Während er erzählte, machte ich mir meine Notizen. Ich erkannte, dass die Ursache für seine Beschwerden viel tiefer lag, als man bisher angenommen hatte. Er berichtete, dass seine Frau, die ihm alles bedeutete, vor einem halben Jahr an Brustkrebs erkrankt war. Für ihn brach eine Welt zusammen. In ihm wuchs die Angst, seine Frau an den Krebs zu verlieren. Innerlich schwor er sich, alles zu geben, um ihr zu helfen. Seine Frau wurde operiert und nach der Operation wurde eine Chemo-Therapie durchgeführt. Doch während seine Frau die Chemo-Therapie, dank ihrer positiven Einstellung zum Leben und ihrem starken Lebenswillen ungewöhnlich gut verkraftete, lag ihr Mann zu Hause im Bett und fühlte sich elend. Zusätzlich litt er an Erbrechen und Durchfall. Seine Leberwerte verschlechterten sich drastisch. Herr Sieger durchlebte quasi alle Nebenwirkungen, die eine derart aggressive Therapie mit sich brachte. So sehr liebte er seine Frau und litt für sie. Was kein Mensch für möglich halten würde, geschah hier. Herr Sieger litt und kämpfte mit seiner Frau. Er erlebte tatsächlich diese Chemotherapie, mit allen belastenden Nebenwirkungen! Nun war er am Ende seiner Kraft und ihm stand die nackte Angst im Gesicht, während er davon berichtete. Doch nicht nur im Gesicht: Während Herr Sieger seine Geschichte erzählte, sah ich, wie auch sein Körper sich innerlich krümmte.

Wieder darüber zu sprechen, das ließ ihn beben. Ich gab ihm das Gefühl, alle Zeit der Welt zu haben und ließ ihn reden. Dabei machte ich mir weiter meine Notizen. Mein ganzes Mitgefühl galt den Beiden. Ich sah ihnen an, wie sehr sie in der Vergangenheit gelitten hatten und immer noch leiden mussten. Er spürte wohl meine Aufrichtigkeit und man sah ihm an, dass es ihm gut tat, über seine Sorgen und Ängste, die er um seine Frau hatte, zu erzählen. Endlich war jemand da, der ihn ernst nahm, ihm glaubte und ihn auch verstand. Wie oft hatte er das in der Vergangenheit seinem Arzt versucht klar zu machen. Er selbst kam sich schon vor wie ein Hypochonder. Ich beruhigte ihn und sagte: "Das sind Sie auf keinen Fall. Was Sie mir hier schildern, das machen Sie tatsächlich durch. Sie sind ein Mensch, der innerlich sehr mit seiner Frau mitfühlt und leidet, so dass Ihr Körper die Nebenwirkungen der Chemotherapie durch macht." Ich dachte bei mir, wie stark muss bei diesen beiden Menschen die innere Verbundenheit sein, dass der Eine des Anderen Leid mit trägt. Wie sehr müssen sich diese beiden Menschen innerlich ähnlich sein. Ich nahm Anteil an ihrem Schicksal. Herr Sieger erzählte mir aus ihren beiden ersten Ehen und ich erkannte dass diese beiden Menschen nach einem langen Leidensweg zusammengefunden hatten. Herr Sieger sagte, sie beide mussten vielleicht den langen Leidensweg gehen, um einander zu finden. Stolz erzählte er, dass sie am gleichen Tag Geburtstag hätten. Ja und ich sah, beide trugen

ihre Armbanduhren an der rechten Hand. Zwei Menschen, die nach einem langen Leidensweg endlich zueinander fanden und dann doch wieder leiden mussten. Dann sprach er von seinen Beschwerden. Er hatte eine Überfunktion der Schilddrüse. Sein Blutdruck war erhöht und er nahm blutdrucksenkende Mittel. Außerdem bestand ein Risiko zum grünen Star. Er erzählte mir, dass er in der Vergangenheit eine verschleppte Gelbsucht hatte. Seine Leberwerte waren sehr schlecht. Werte, die normal bei dem Y-GT-Wert bis 28 Einheiten liegen, waren auf einen Wert von 764 Einheiten gestiegen. Sein Hausarzt ließ eine Computer-Tomographie-Aufnahme von der Leber erstellen, weil er Schlimmstes befürchtete. Die Aufnahme hatte keine krankhaften Veränderungen in der Leber gezeigt. Für mich war es wichtig, das zu hören. Da alle bisher angewandten Therapien nicht zum Erfolg geführt hatten, wusste ich, dass die Ursache für alle seine Beschwerden tief in seiner Psyche, in seinen Gefühlen liegen musste. Ich sagte ihm, dass ich in seinem Fall die medizinische Therapie-Hypnose einsetzen würde, um eine Harmonisierung zwischen seinem Körper und seiner Psyche herzustellen. Ich klärte ihn ausführlich über diese Therapie auf, erklärte ihm, wie sie funktioniert und was sie bewirken kann. Dass nichts, aber auch gar nichts, ohne seine Zustimmung gesagt oder geschehen würde. Ich machte ihm klar, wie wichtig seine Bereitschaft zur Gesundung sei.
Dann sprachen wir die Therapie durch. Ich machte mir Notizen über seine Wünsche, schrieb mir auf, welche Gefühle ihn täglich belasteten. Dann notierte ich mir auf meinem Block die Organe, die ich in der Therapie ansprechen würde. Die Nerven, die Augen, das Herz, den Blutdruck, die Schilddrüse, die Leber, den Magen und seinen Darm.
Wieder sah ich den Argwohn und die Zweifel in seinen Augen. Aber neben ihm saß seine Frau und sie wollte schließlich ihren Mann wieder gesund und lebensfroh an ihrer Seite haben. Nach dem sie über ihre Krankheit gesiegt hatte, wollte sie wieder leben und das Leben genießen. Aber nur zusammen mit ihrem Mann. Einem Mann, den sie als einen gesunden, charmanten und liebenswerten Menschen kennenge-

lernt hatte. Sie strahlte Mut aus, und man sah ihr an, dass sie alles tun würde, um ihn gesund zurück zu bekommen.
Herr Sieger war einverstanden mit der Behandlung. Ich wusste, er tat es zum größten Teil seiner Frau zuliebe. Wir machten für den nächsten Tag einen Termin aus. Am nächsten Tag kam Herr Sieger mit seiner Frau in meine Praxis und während er sich auf die Couch legte, bat ich seine Frau, es sich auch etwas bequemer zu machen. Sie blieb übrigens bei jeder der folgenden Behandlungen mit im Zimmer, was für mich der beste Beweis einer absoluten Vertrautheit zwischen ihr und ihrem Mann war. Herr Sieger lag nun auf der berühmten Couch und ich deckte ihn mit einer leichten farbenfrohen Decke zu. Er machte ein paar witzige Bemerkungen, um seine innere Unsicherheit zu verbergen. Ich kontrollierte seinen Blutdruck und notierte mir die Werte. Dann bat ich ihn, meine Hand auf seine Schulter legen zu dürfen und erklärte ihm, dass die Ruhe, die von meiner Hand ausgeht, sich auf ihn übertragen würde. Da war wieder der zweifelnde Blick, mit dem er mir sagen wollte, „und das soll funktionieren?", aber er war einverstanden. Denn in seiner Nähe saß ja seine Frau und das gab ihm Sicherheit. Er wusste, seine Frau würde sofort eingreifen, wenn es ihm nicht gut ging. Im Hintergrund hörte man leise entspannende Musik. Ich bat Herrn Sieger, die Augen zu schließen und sich ganz auf meine Stimme und meine Worte zu konzentrieren. Ruhig und langsam begann ich zu reden und führte ihn an einen Ort, an dem er sich auch im Alltag sicher und wohl fühlte. Die wichtigsten Lebewesen um ihn herum waren seine Frau, seine Tochter, und seine Katzen. Ich ließ alle gedanklich dabei sein. Ich sah, wie sich sein Gesicht entspannte, wie sein ganzer Körper langsam immer gelöster wurde. Seine Atmung wurde gleichmäßig und ruhig. Sein Brustkorb senkte sich auf und ab. Auch seine Augenlider blieben ruhig und fest geschlossen. Für mich war das ein gutes Zeichen, ich wusste, dass meine Worte sein Unterbewusstsein erreichten und sein Unterbewusstsein meine Worte akzeptierte. Ich sprach sein Herz an, wie ruhig, gleichmäßig, gesund und kraftvoll es schlug. Beschrieb ihm, wie mit jedem Einatmen Sauerstoff in seine Lungen strömt und sein Blutkreislauf diesen Sauerstoff in jede Körper-

zelle transportiert. Ich sage ihm, dass mit jedem Ausatmen alle Schadstoffe vom Körper ausgeschieden werden. Dabei würden sich seine Körperzellen regenerieren und sein ganzer Körper käme wieder in Schwung. Ich sprach seine Nerven an und sagte: „In dieser tiefen Ruhe lösen sich die Anspannungen im ganzen Körper. Die Nerven erholen sich, sie werden ruhiger und ruhiger und von Nerv zu Nerv werden die Signale dieser wunderbaren Ruhe weiter geleitet. Dadurch werden die Nerven gesund und gleichmäßig durchblutet. Das macht sie stark und belastbar. Diese starken Nerven werden in Zukunft mit jedem negativen Gedanken fertig."
Dann legte ich meine Hand an seine Leber und sprach die Leberzellen an. Ich sagte zu ihm: „Sie haben so viele gesunde starke Zellen in Ihrer Leber. Ihre Leberwerte normalisieren sich von Therapie zu Therapie."
Ich legte meine Hand auf seinen Magen und ließ ihn die Wärme, die aus meiner Hand strömte, fühlen. Ich sagte ihm, dass sich diese Wärme im ganzen Bauch ausbreiten würde. Dass Magen und Darm strömend warm werden würden und wie sich durch diese Wärme im gesamten Bereich alle Verkrampfungen und Verspannungen lösen würden. Ich sagte ihm, dass sich auch alle Ängste auflösen, die ihn im täglichen Leben belasten würden. Ich ließ ihn spüren, wie sich diese wunderbare Wärme langsam in seinem ganzen Körper ausdehnte. Wie jeder Muskel im Körper entspannte und er sich dadurch innerlich immer freier und weiter fühlte. Irgendwann sah ich an seiner Körperhaltung, dass er sich entspannte. Sein Körper wirkte gelöst. Sein Gesicht war weich und glatt. Es wirkte gut durchblutet. Ich wusste, dass er die Ruhe und die Wärme, von der ich zu ihm sprach, auch wirklich spürte. Langsam kam ich zum Ende der ersten Therapie und gab ihm positive Worte mit in seinen Alltag. Dann begann ich ihn zu wecken. Ich sagte: „Ich zähle von eins bis sechs und bei sechs bitte ich Sie, die Augen zu öffnen." Ich wartete darauf, dass er die Augen aufmachen würde, aber diese Therapie schien ihm gut zu bekommen, denn er ließ sich Zeit damit. Am Ende der ersten Behandlung bat ich Herrn Sieger, mir seine Empfindungen während dieser Zeit zu schildern. Zuerst sah er mich erstaunt an. So hatte er sich eine Hypnose-Therapie nicht vorgestellt.

Dann erzählte er mir, dass er meinen Worten folgen konnte. Die Ruhe und die Wärme in Magen, Darm und Leber gespürt hätte. „Es wurde mir so warm, dass ich jetzt schwitze. Ich fühle mich jetzt entspannt, aber auch etwas müde. Außerdem habe ich Hunger", sagte er. Dass er sich entspannt hatte, sah ich ihm an. Seine Aussage, er sei etwas müde, bestätigte die Entspannung. Sein Hungergefühl war ein sehr gutes Zeichen dafür, dass der Magen sich entspannt hatte und wieder gut durchblutet wurde. Ich klärte ihn darüber auf, was in seinem Körper durch die Therapie geschehen war. Ich sagte ihm: „Durch die Ruhe und Wärme, die Sie so gut empfinden konnten, haben sich die Verkrampfungen und Blockaden in Ihren Organen gelöst. Die Durchblutung im ganzen Körper wurde gesteigert und Ihre Leber und Ihr Magen- und Darmtrakt können sich wieder regenerieren.
Um seine Leber und den Magen zu stabilisieren, spritzte ich ihm ein pflanzliches Präparat. Zusätzlich testete ich Blüten nach Dr. Bach aus, die seine ihn belastenden Gefühle auflösen sollten. Von nun an kam er regelmäßig dreimal wöchentlich zur Therapie und seine Frau begleitete ihn. Zwischen uns dreien entstand ein bedingungsloses Vertrauen. Nichts geschah ohne vorherige Absprache, jede Therapie wurde neu gestaltet und immer auf seine jeweilige Tagesverfassung abgestimmt. So kam er einmal zur Therapie und sagte, dass er Probleme hätte im Winter bei Schneefall mit dem Auto zu fahren. Da der Winter vor der Tür stand, machte ich ihm den Vorschlag, ihn in dieser Therapie bei Schneefall mit dem Auto fahren zu lassen. Schon der Gedanke, in der Hypnose mit dem Auto zu fahren, wenn es schneit, löste bei ihm ein negatives Gefühl aus. Doch nachdem ich ihm versicherte, er könnte jederzeit den Finger heben und ich würde die Hypnose sofort beenden, war er einverstanden. Nach dem er wie immer auf meine ruhigen Worte gut reagierte und sich tief entspannte, so dass er mich nicht mehr bewusst hörte, sagte ich zu ihm, dass er jetzt in seinem Auto sitzen würde und in Richtung Bergisches Land führe. Ich beobachtete ihn und sah, dass er ruhig darauf reagierte. Ich ließ ihn entspannt in die Abenddämmerung hinein fahren und beobachtete ihn. Er atmete ruhig ein und aus, sein Brustkorb senkte und hob sich gleichmäßig.

Dann sagte ich zu ihm: „Jetzt fängt es langsam an zu schneien. Kleine weiße Schneeflocken fallen vom Himmel und setzen sich auf die Autoscheibe. Sie atmen ruhig ein und aus. So ruhig fahren Sie entspannt und gelassen in das Schneetreiben hinein. Es schneit stärker und die weißen Schneeflocken werden dicker und größer." Ich beobachtete sah seine Reaktion. Er wurde unruhiger und ich sagte zu ihm: „Je mehr es schneit, umso ruhiger, entspannter fahren Sie. Je stärker das Schneetreiben wird, umso gelassener und entspannter fahren Sie. Sie passen sich dem Autoverkehr an und fahren sicher, entspannt weiter. Es ist Ihr Wunsch, jetzt bei diesem Schneetreiben zu fahren und Sie allein bestimmen über sich. Sie lassen sich von dem Schneetreiben nicht beeinflussen. Sie entscheiden darüber, ob sie fahren, wo sie fahren und wann sie fahren. Sie fahren ruhig und gelassen weiter und kommen sicher an Ihr Ziel. Sie schaffen das. Jede Schneeflocke bringt Ihnen die Ruhe und Gelassenheit, die Sie sich wünschen. Immer stärker schneit es jetzt, die Scheibenwischer am Auto haben alle Mühe, Ihnen die Sicht frei zu halten, so stark ist jetzt der Schneefall. Sie aber bleiben ruhig und gelassen dabei, Sie fühlen sich sicher im Auto. Mit einer ruhigen Gelassenheit fahren Sie langsam weiter. Denn Sie wissen, jede Schneeflocke bringt Ihnen die Ruhe und Gelassenheit, die Sie sich wünschen. Je mehr es jetzt schneit, umso ruhiger und wohler fühlen Sie sich." Ich beobachtete ihn, um gegebenenfalls die Hypnose zu unterbrechen. Doch das war nicht nötig. Er wurde wieder ruhiger und entspannte sich mehr und mehr.
Er atmete ruhig ein und aus. Sein Brustkorb senkte und hob sich in gleichmäßigem Rhythmus. Ich brachte ihn mit ruhigen Worten sicher ans Ziel und gab ihm dann positive Worte für den nächsten Tag und für seine Zukunft mit auf den Weg. Dann weckte ich ihn. Als er die Augen aufmachte, sah er mich strahlend an. Es war das Strahlen von einem Menschen, der etwas Großes geschafft hatte. Seine Frau und ich lobten ihn dafür, dass er so stark war.
Nach der Therapie fragte ich ihn, wie er diese Autofahrt erlebt hätte und er antwortete: „Ich wäre am liebsten während der Fahrt ausgestiegen und weggelaufen. Aber dann spürte ich eine Ruhe und Gelas-

senheit in mir und mir machte das starke Schneetreiben nichts mehr aus. Im Gegenteil, ich fühlte mich im Auto sicher! Das war ein schönes Gefühl. Draußen schneite es und ich saß trocken im Auto und fuhr mit einer Gelassenheit zu meinem Ziel.
Eine Woche später musste er im Auftrag seiner Firma mit dem Auto in die Berge fahren. Er fuhr bei trockenem Wetter los und geriet am Abend tatsächlich in ein Schneetreiben. Er erlebte es wie in der Therapie. Zuerst kam eine Panik auf und er wäre am liebsten sofort ausgestiegen. Aber dann fühlte er eine Ruhe in sich, wie zuvor bei mir in der Therapie. Er konnte ruhig und gelassen seine Fahrt fortsetzen und kam gut zuhause an. Auto fahren bei Schneetreiben war für ihn von nun an kein Thema mehr.

Er entspannte sich von Therapie zu Therapie immer tiefer und hörte mich oft bewusst nicht mehr. Aber sein Unterbewusstsein war hellwach. Meine positiven Worte, betteten sich in sein Unterbewusstsein ein und es begann, die Wünsche umzusetzen. Von Woche zu Woche ging es ihm besser und besser. Er fühlte, wie die alte Kraft langsam zurückkehrte. Die Gefühle der Angst lösten sich auf, er wurde innerlich freier, konnte sich wieder mit neuen Aufgaben beschäftigen und hatte wieder Ruhe und Geduld dabei. Er traute sich wieder alles zu. Er hatte den Glauben an sich selbst wieder gefunden.
Das Wichtigste aber war, Herr Sieger lernte, sich gegen die Gedanken anderer abzuschirmen. Er bestimmte über seine Gefühle selbst und lernte, nur positive Gefühle in sich zuzulassen. Seine Gedanken formulierten immer wieder: „Das schaffe ich, ich fühle mich wohl, mir geht es gut, gesunde Zellen besiegen die Kranken, ich denke positiv." Immer und immer wieder dachte er so. Seine Gedanken wurden zu Gefühlen und die Gefühle strömten in die Körperzellen und die Körperzellen reagierten auf diese gesunden Gedanken mit gesunder Kraft. Es konnte nur noch aufwärts gehen.
Jede neue Laboruntersuchung bestätigte die erfolgreiche Behandlung. Die Leberwerte sanken von Y-GT 764, auf Y-GT 265 Einheiten, weiter auf 125 Einheiten, bis auf ganz normale Werte. Eine Untersuchung beim Augenarzt ergab, dass sich sein Augendruck stark vermindert

hatte. Sein Blutdruck senkte sich auf normale Werte, so dass er keine Medikamente mehr brauchte. Herr Sieger konnte wieder normal am Leben teilnehmen, ohne Durchfall, ohne Magenschmerzen und ohne diese innere Ohnmacht, nicht Herr über sich selbst zu sein.
Herr Sieger hat es aus eigener Kraft geschafft, wieder der Alte zu sein. Seine Frau hielt während der ganzen Zeit zu ihm und motivierte ihn immer wieder. Sie sagte: „Wolfgang steh auf, du schaffst es, trägt einen entscheidenden Anteil an der Gesundung." Bewies doch gerade sie ihm täglich, wie es ihr immer besser ging, wie gut sie mit der Erkrankung die hinter ihr lag, fertig geworden war.
Sie glaubte an den Erfolg dieser Therapie, sie stand hinter ihrem Mann, richtete ihn wieder auf, wenn er zweifelte, ermutigte ihn weiter zu machen, wenn die Hoffnung ihn verließ. Herr Sieger hatte das Gefühl, nicht mehr allein zu sein. Er hatte Menschen um sich herum, die ihn stärkten, wenn er schwach wurde, ihn wieder aufrichteten und ihn motivierten. Er konnte nie tief fallen, denn sofort war jemand da, der ihm hoch half. Herr Sieger konnte wieder gesund werden. Die Familie, Freunde und die Therapie trugen zu einer raschen Gesundung bei.

Ein neues Leben

Frau S., eine junge Mutter von zwei Kindern, war seit einiger Zeit bei mir in der Behandlung. Sie klagte über ein ständiges Enge-Gefühl in der Speiseröhre, in der Brust und im Zwerchfell, das mit starken Krämpfen verbunden war. Oft bekam sie dadurch keine Luft. Außerdem war ihr Nacken im Halswirbelbereich verspannt und sie klagte über Schmerzen im unteren Bereich der Wirbelsäule. Seit Jahren litt sie zudem unter chronischen Entzündungen der Nasennebenhöhlen. Diese ständigen Beschwerden behinderten sie in ihrem Wohlgefühl und im täglichen Alltag ganz erheblich. Auch ihrem Anspruch an sich selbst, eine gute Mutter und Hausfrau zu sein, konnte sie nicht mehr in vollem Maße gerecht werden. Sie war darüber hinaus auch noch berufstätig. Frau S. hatte nur den einen Wunsch, sie wollte gesund sein, um ihren Alltagspflichten in Ruhe nach zu kommen. Ich erkannte, dass sie mit ihrer Kraft am Ende war. Alle bisherigen Behandlungen brachten aber nicht den gewünschten Erfolg. Die von ihrem Arzt verschriebenen Schmerzmedikamente halfen immer nur kurze Zeit. Seit längerer Zeit bekam Frau S. hoch dosierte Beruhigungsmittel, die zur Entlastung ihrer Nerven verschrieben wurden. Trotz der medizinischen Versorgung ging es ihr immer schlechter. Ich ahnte, hier hatte ich eine harte Nuss zu knacken. Es waren so viele Symptome, die Frau S. hatte und ihre Erwartung an mich war groß. Ich versprach ihr, alles in meiner Macht Stehende zu tun, um ihr zu helfen. Aber ich könnte ihr nichts versprechen. Ich besprach mit ihr ein Therapiekonzept und bat sie, in Ruhe über meine Vorschläge nachzudenken und mir dann Bescheid geben. Schon am nächsten Tag rief Frau S. mich an und bat mich, sie zu behandeln. Entsprechend meinem für sie entworfenen Therapiekonzept behandelte ich sie zunächst nach der NPSO (Neue Punktuelle Schmerztherapie) mit monochromatischem Rotlicht. Ich suchte ich mit dem Hautwiderstandsmessgerät an den Füßen und Knien nach für das Gerät hörbaren Punkten die energetisch mit dem Schmerzzentrum verbunden waren und bestrahlte diese mit dem Rotlicht, bis das Signal verstummte. Mit dieser Therapie konnte ich ihr zwar wesentliche Erleichterung verschaffen, aber leider nicht ganz helfen. Die Verspannungen im Halswirbelbereich lösten sich auf und ihr Kopf wurde freier und auch die Schmerzen im unteren Bereich der Wirbelsäule hatten ganz erheblich nachgelassen. Jedoch war das Enge-Gefühl in Speiseröhre und Brust nach wie vor - einmal stärker und einmal schwächer - vorhanden.

Mit dem Ergebnis der NPSO - Behandlung war ich nicht zufrieden. Da die NPSO nicht, wie ich es sonst gewohnt war, den sofortigen Erfolg brachte, wusste ich, dass die Ursache für ihre Beschwerden tiefer liegen musste, viel tiefer! Sie entstanden aus ihren Gefühlen und ich sprach mit Frau S. darüber. Damit war wohl der Schlüssel zu all ihren Leiden gefunden. Zwischen Frau S. und mir war ein großes Vertrauen gewachsen. Und so erzählte sie mir, dass sie ein Acht-Monatskind gewesen und schon als Kleinkind sehr oft krank war. Sie erzählte von ihren Ängsten, unter denen sie schon seit Jahren litt. Ängste, über die sie bisher mit keinem Menschen gesprochen hatte. Wir sprachen ausführlich über ihre Gefühle und ich erklärte ihr, was negative Gefühle in den Organen auslösen können. Sie erkannte, dass ihre Ängste die Ursache für die Verkrampfungen und Schmerzen in ihrem Körper waren. Mir war klar, dass ich hier nur mit der medizinischen Heilhypnose Erfolg haben konnte. Und ich wollte dieser jungen Frau helfen. Ich klärte sie über diese Therapieform auf und sagte, dass damit eine effiziente Möglichkeit bestünde, ihr zu helfen.

Damit sie sich in Ruhe und unabhängig von einer möglichen Beeinflussung durch mich mit der Heilhypnose auseinander setzen konnte, gab ich ihr eine Informationsschrift über diese Therapie mit nach Hause. Nach ein paar Tagen rief Frau S. mich an und bat um einen Termin bei mir. Sie war bereit, sich durch diese Therapie helfen zu lassen.

Irgendwie scheint der liebe Gott mir eine besondere Fähigkeit mitgegeben zu haben, denn ohne eine ausgebreitete Psychoanalyse zu betreiben, können Menschen sich in meiner Gegenwart an all ihre verdrängten Gefühle und Seelenängste erinnern und sind auch bereit, diese zu offenbaren. In den Gesprächen, die wir miteinander führten, erfuhr ich von ihrem Schicksal. Sie erzählte mir: Als sie ein Jahr alt war, musste ihre Mutter ins Krankenhaus. Sie wurde zu einer Tante gebracht, die sie während des Krankenhaus-Aufenthalts versorgen sollte. Schon als Kleinkind litt sie unter Ängsten. Sie ließ sich von keinem berühren oder versorgen. Ihr Vater musste kommen, um sie zu füttern. Als sie drei Jahre alt war, stürzte sie eine Treppe hinunter und verletzte sich schwer. Sie sprach über die starken Schmerzen, die sie durch diesen Sturz erlitt, und auch von den großen Ängsten die sie damals hatte.

Mit sechs Jahren, erlebte sie, wie ihre damals fünfjährige Schwester von einem tollwütigen Hund angefallen, gebissen und dabei sehr schwer verletzt wurde. Für sie als Sechsjährige war das ein großer Schock. Welche Ängste musste dieses kleine Kind ausgestanden haben? Sie konnte ihrer jüngeren Schwester nicht helfen. Aber die Ängste dieses kleinen Mädchens wurden von den Erwachsenen gar nicht wahrgenommen, zu sehr war die Aufmerksamkeit der Großen auf ihre jüngere, schwerverletzte Schwester gerichtet. Frau S. war eine tapfere junge Frau. Als die Ängste im Erwachsenen-Alter stärker wurden, versuchte sie zunächst, selbst damit fertig zu werden. Dazu kam noch, dass sie vor ihrer jetzigen Ehe vier Jahre lang einen Freund hatte, der sie ständig schlug. Sie sprach mit niemandem darüber und verdrängte die Ängste, so gut es ging. Aber im Laufe der Jahre kamen körperliche Beschwerden hinzu. Keiner fand heraus, woher die Schmerzen kamen. Jahrelang wurde sie behandelt. Sie bekam Beruhigungstabletten und ihr wurde gesagt, ihre Beschwerden seien psychosomatisch. Aber diese junge Frau gab sich mit der Diagnose nicht zufrieden. Sie wollte so schnell wie möglich von den Tabletten abkommen und ohne Ängste ein normales Leben führen.

Ich überließ es Frau S., die Termine für die Heilhypnose selbst zu bestimmen. Sie meldete sich, und machte einen Termin aus, wenn die Ängste wieder einmal zu stark wurden. Nach jeder Behandlung fühlte sie sich eine Zeitlang gut. Mittlerweile war Frau S. schon eine Zeit in Behandlung bei mir. Dann aber hörte ich Wochen nichts von ihr.

Eines Tages rief sie mich an. Sie war total verzweifelt, weinte und erzählte mir, dass sich ihr Zustand so sehr verschlechtert hätte und sie vom Neurologen zwangsweise in eine Klinik eingewiesen werden sollte. Sie bat mich, ihr zu helfen. Am Telefon sagte ich ihr, das ich nicht gegen die Anweisung eines Neurologen handeln könnte. Wenn er seine Einweisung für richtig hielte, wäre es in diesem Fall besser, auf den Arzt zu hören. Aber Frau S. wollte unbedingt mit ihrem Mann in meine Sprechstunde und beide wollten mit mir reden. Da ihr Mann mitkam, willigte ich ein und wir machten einen Termin. Die Beiden kamen und ich bat sie, Platz zu nehmen. Ihr Mann sagte mir offen, dass er meiner Therapie, der medizinischen Heilhypnose sehr skeptisch gegenüber stünde. Er sähe aber sonst keinen Ausweg mehr für seine Frau. In eine psychiatrische Klinik wollte er sie auf keinen Fall geben. Er hatte in der Vergangenheit miterlebt, wie ein ihm nahestehender Mensch in so einer Klinik durch die Behandlung noch mehr gelitten hatte. Dem Neurologen seiner Frau gegenüber versicherte er, dass er sich drei Wochen von der Arbeit freistellen und seine Frau Tag und Nacht keine Sekunde aus den Augen lassen würde. Der Neurologe war einverstanden und bat Herrn S. aber, regelmäßig mit seiner Frau zu ihm in die Praxis zu kommen.

Frau S. wurde von ihrem Neurologen mit starken Beruhigungstabletten behandelt, die sie im Alltag müde und schlapp machten. Ich wurde mir der großen Verantwortung bewusst, die ich auf mich nahm. Aber in mir war auch die Bereitschaft, alles Mögliche zu tun, um dieser Frau zu helfen. Da Frau S. in der Vergangenheit schon öfter zur Heilhypnose-Therapie in meiner Praxis war, hatte sich großes Vertrauen zwischen uns aufgebaut. Zu dritt besprachen wir die Behandlungen.

Ich notierte auf einem großen Block alles, was Frau S. im Alltag belastete und wovon sie befreit werden wollte. Sie sagte zu mir: Ich möchte meine Ängste loswerden, ich möchte ruhiger werden, ich möchte, das sich das Enge-Gefühl in Speiseröhre und Brust auflöst und ich immer leicht atmen kann. Ich möchte von den Ängsten vor dem Alleinsein befreit werden. Ich möchte nicht mehr ständig grübeln, nicht mehr zweifeln. Ich möchte wieder einkaufen gehen können und dabei innerlich ruhig und gelassen bleiben.

Ihre Worte und ihre Wünsche bildeten die Grundlage für die kommenden Behandlungen. Da es negative Gefühle waren, ersetzte ich diese durch positive Gedanken. Drei Wochen lang brachte Herr S. seine Frau von montags bis samstags jeden Tag in meine Praxis und blieb bei jeder Behandlung mit im Raum. Er ließ seine Frau keine Sekunde aus den Augen. Frau S. fühlte sich dadurch sicherer, und das war für mich wichtig.

Dann kam die erste Behandlung. Frau S. lag auf der bequemen Liege und ihr Mann saß im Sessel davor. Ich legte Frau S. eine leichte bunte Decke über Beine und Unterkörper, den Oberkörper deckte ich nicht zu, um ihr das Gefühl zu geben, frei atmen zu können. Dann lächelte ich sie an und fragte leise, ob es ihr so angenehm wäre. Sie sah mich voll Vertrauen an und nickte. Ich kontrollierte ihren Blutdruck und notierte mir die Werte. Dann legte ich meine rechte Hand auf ihre

linke Schulter, bat sie, die Augen zu schließen und begann ruhig zu sprechen.
Ich sagte zu ihr: „In diesem Raum fühlen Sie sich sicher und wohl. Ihr Mann ist bei Ihnen und passt gut auf Sie auf. Sie sind wichtig und Sie wissen, wir können zu jeder Zeit die Therapie unterbrechen. Wenn Sie etwas stört, heben Sie ihre Hand und wir reden darüber."
Während meine Hand ihre Schulter ganz sacht berührte, fühlte ich ihre Ängste. Ich fühlte sie so stark, dass meine Stimme beim Sprechen zitterte. Ich wusste, dass diese Angst ihren ganzen Körper beherrschte. Sie war ganz verkrampft. Verschiedene Organe wurden aufgrund dieser Verkrampfung nicht mehr richtig durchblutet und gesund versorgt, es musste zu solchen Störungen kommen. Es wunderte mich nicht, dass sie überall Schmerzen hatte. Meine ganze Aufmerksamkeit und Sorgfalt galt ihr. Auf jedes Wort von mir erfolgte eine Reaktion von ihr. Ich sah, wenn sie sich entspannte oder ängstlich reagierte. Und so verwendete ich nur Worte, auf die sie mit Entspannung reagierte. Um Frau S. langsam an die Heilhypnose zu gewöhnen, beendete ich die ersten vier Therapiesitzungen nach maximal 15 Minuten Dauer.
Durch das Vertrauen, das Frau S. in mich gefasst hatte und die zusätzliche Anwesenheit ihres Mannes fühlte sie sich beschützt. Sie konnte immer besser entspannen und ihre Ängste loslassen. Mit jedem Tag ging es ihr besser und sie konnte länger in der Heilhypnose bleiben. Sie lernte, wieder Vertrauen zu sich selbst zu bekommen. Es geschah am fünften Tag: Sie legte sich hin und wurde wie immer liebevoll von mir zugedeckt. Ihr Mann nahm im Sessel Platz und lächelte ihr zu. Schon als ich sie bat, die Augen zu schließen und meine Hand auf ihre Schulter legte, fühlte ich, dass sie heute innerlich noch tiefer entspannen konnte, als die Tage zuvor.
Ich führte sie in die Entspannung mit den Worten: „Sie haben die Augen geschlossen und nehmen Ihren Atem wahr, der ruhig und gleichmäßig in Sie hinein strömt und Ihnen die Ruhe bringt, die Sie sich wünschen. Mit jedem Ausatmen strömt aller Druck hinaus. Sie fühlen wie sich mit jedem Atemzug Ihr Körper von aller Spannung frei macht. In Ihnen wird es ruhig und weit. Sie sehen sich jetzt auf Ihrer Terrasse im

Liegestuhl liegen. Die Sonne scheint vom weiten blauen Himmel sanft und warm auf Ihre Haut. Diese angenehme Wärme erzeugt ein wohliges Gefühl in Ihrem Bauch. Die Anspannungen in Ihrem Körper lösen sich und Sie atmen ganz leicht und frei ein und aus. Von Ihrer Terrasse aus sehen Sie vor sich Ihren blühenden Garten. Ihr Blick wandert ruhig durch den Garten. Jede Blume, jeden blühenden Strauch sehen Sie sich ruhig und lange an. Sie nehmen diesen herrlichen Anblick tief in sich auf. Sie lieben die Natur und fühlen sich eins mit ihr. Ihre Augen verweilen am ersten Hibiskus-Strauch. Diese wunderschönen rosafarbenen und blauen Blüten, die sich weit geöffnet haben um von der Sonne gestreichelt zu werden, geben Ihnen ein Gefühl der Geborgenheit. Ihr Blick wandert jetzt weiter, von Blume zu Blume. Sie sehen die weißen Rosenblüten, die umgeben von grünen kräftigen Blättern, groß und weit geöffnet sind. Sie sind wunderschön. So jung und voller Kraft. Ein Wind kommt auf und pustet die Rosenblüten kräftig durch. Die Rosenblüten biegen sich im Wind ganz nach hinten, aber sie sind stark und richten sich wieder auf. Sie halten dem Wind stand. Immer wieder fegt der Wind über sie hinweg und zerrt sie hin und her. Aber sie bleiben stark und richten sich immer wieder auf. Sie sind so schön und voller Kraft. Und Sie wünschen sich jetzt von ganzem Herzen, dass jede Nervenzelle in Ihrem Körper genauso stark und kraftvoll wie diese Blüten ist." Meine Worte taten ihr gut. Ich sah, dass sie tief entspannte und sich wohlfühlte. Da sagte ich zu ihr: „Wünschen Sie sich jetzt, dass sich Ihre Ängste auflösen, wünschen Sie es sich ganz fest, noch mehr, noch fester, Sie können es, Sie schaffen es." Während ich noch sprach, geschah es: In ihrem Bauch rumorte es und der Bauch gab Geräusche von sich, Geräusche, die den ganzen Raum ausfüllten. Ich lobte sie und bat: „Wünschen sie sich weiter, dass sich die Ängste auflösen." Jedes Mal wenn ich ihr das sagte, reagierte der Darm und es begann im Darm zu pfeifen, zu quietschen und lautes Knallen begleitete die Geräusche. Ich wusste, dass ihr Körper auf die Worte reagierte und Serotonin ausschüttete. Serotonin ist ein Glückshormon, das überwiegend im Darm ausgeschüttet wird und in uns die Glücksgefühle strömen lässt. Dieses Glückshormon löste jetzt auch bei Frau S. die Verkramp-

fungen, und ihr Körper fing an, sich zu entspannen. Wie stark musste die Sehnsucht nach innerer Freiheit bei Frau S. gewesen sein, dass sie so eine starke Kraft entwickelte und ihr Körper spontan darauf reagierte.
Ich beobachtete Frau S.. Sie wirkte ruhig und erleichtert. Mir stiegen die Tränen in die Augen. Was musste diese junge Frau im Leben unter ihren Ängsten gelitten haben? Ich schaute zu ihrem Mann hinüber und sah, wie auch ihm Tränen in die Augen stiegen und er ließ seinen Gefühlen freien Lauf, er schämte sich seiner Tränen nicht. Sie liefen ihm die Wangen herunter. Wir sahen uns stumm an und wussten, was in ihr geschah. Der Bauch beruhigte sich, er wurde ganz still. Ich sah, wie entspannt sie jetzt da lag. Ihr ganzer Körper schien weicher und gelöster, Sie sah im Gesicht richtig jung aus. Ihre Haut war glatt und die Wangen rosig durchblutet. Ruhig sprach ich weiter zu ihr und sagte: „Das haben Sie wunderbar gemacht, das haben Sie ganz toll gemacht. In der nächsten Sitzung schaffen Sie noch mehr." Dann gab ich ihr positive Worte in den Tag und für die Zukunft mit. Ich beendete die Heilhypnose und ließ sie dann langsam die Augen öffnen. Ein paar große, glänzende, braune Augen schauten mich an. Sie lächelte mich verschämt an, wie ein kleines glückliches Kind. Dann schaute sie zu ihren Mann herüber und lächelte auch ihn an. Ihre Augen strahlten dabei. Dieses kleine Lächeln war für mich wie ein Sonnenstrahl, der tief in mein Herz strahlte. Ihr Mann stand auf, ging zu seiner Frau, nahm sie zärtlich in seine Arme und hielt sie fest. Ich klärte Herrn und Frau S. darüber auf, was die Therapie heute bewirkt hatte. Nach dem Gespräch gingen zwei Menschen innerlich tief miteinander verbunden nach Hause. Auch für mich war es ein glücklicher Tag, wieder zu erkennen, dass der Mensch ein Wunder der Natur ist und welche Fähigkeiten jemand entwickeln kann, wenn er nur an sich glaubt.
Wir hatten den Durchbruch geschafft, ihr Unterbewusstsein war bereit, die Gefühle, die sie im Leben belastet und letztendlich krank gemacht hatten, Stückchen für Stückchen aufzulösen. Das war der Anfang zu einem neuen, gesunden und glücklichen Leben. Tag für Tag brachte ihr Mann sie zur Therapie. Ich dachte in mir, wie sehr musste

dieser Mann seine Frau lieben, dass er so viel Geduld und Strapazen auf sich nahm? Drei Wochen lang behandelte ich Frau S. täglich und ihr Zustand verbesserte sich zusehends.
Jede Woche fuhr Herr S. auch mit seiner Frau zum Neurologen. Das war die Anweisung vom Arzt, damit er sich stets ein Bild über ihren Zustand machen konnte. Bei einer erneuten Kontrolluntersuchung war der Arzt über den stabilen Gesundheitszustand seiner Patientin, sehr verblüfft und konnte es kaum fassen, wie gut es Frau S. in so kurzer Zeit wieder ging. Herr S. klärte den Arzt über die Behandlung in meiner Praxis auf. Der Arzt war erst empört und spekulierte darüber, ob meine Therapie gefährlich sei, da ich doch kein studierter Arzt oder Dipl.- Psychologe sei. Erst als Herr S. ihm erzählte, dass er bei jeder Behandlung dabei gewesen sei und was er in jeder Behandlung miterlebt hätte, willigte der Neurologe ein, diese Behandlung weiter fortzuführen. Es war kluge Entscheidung von ihm. Mit dieser Entscheidung handelte er zum Wohle der jungen Frau und akzeptierte ihren Weg in die Gesundheit. Frau S. ging es von Woche zu Woche besser. Ihr Arzt konnte die Anzahl und Dosis der Beruhigungstabletten reduzieren. Fanden die Behandlungen am Anfang täglich statt, so wurden nun die Zeitabstände dazwischen immer größer. Es ging ihr laufend besser, so dass sie nur noch einmal in der Woche eine Therapiesitzung zum Stabilisieren brauchte. Ihr Mann konnte sie jetzt unbesorgt alleine lassen und seinen Beruf wieder aufnehmen. Sie war wieder in der Lage, ihren Haushalt und die Kinder zu versorgen und konnte ihrer Arbeit mit Freude nachgehen. Sie kam dann nur noch alle vierzehn Tage zu mir. Als sie eines Tages wieder in meine Praxis kam, strahlte sie mich an und berichtete, dass sie heute allein mit dem Auto über die Autobahn zu mir gefahren sei. Nach der Therapie wollte sie in ein großes Kaufhaus fahren um dort einzukaufen und einen Kaffee trinken. Um sie noch weiter zu stärken, erstellte ich ihr eine Heilhypnosesitzung, auf einer Kassette, die sie sich täglich anhörte. Die Behandlungsabstände wurden größer. Frau S. bestimmte jetzt selbst, in welchen Abständen sie noch mal zu mir kommen wollte. Sie war gesund, hatte wieder einen gesunden Geist in einem gesunden Körper. Heute ist sie eine starke,

selbstbewusste junge Frau geworden, die weiß, was sie will und ihren Weg geht. Sie ist ruhiger, gelassener, lässt sich nicht beeinflussen. Sie setzt sich durch, sagt offen ihre Meinung. Sie hat keine Angst mehr vor dem Leben. Sie geht keinem Problem mehr aus dem Weg. Sie hat jetzt eine positive Einstellung zu ihren Mitmenschen und keiner bringt sie aus ihrer Ruhe. Ihre Nerven sind durch ihre neue Einstellung stark geworden. Dadurch fühlt sie eine große Sicherheit und Zuversicht in sich. Das größte Geschenk für mich kam nach ein paar Wochen mit einem Blumenstrauß und einer Karte mit den Worten:
Danke für ihre selbstlose Hilfe während unserer schweren Zeit.
Danke, dass sie mir meine Frau (zurück) - gegeben haben.

Ein Herz ruft nach Anerkennung

Eines Tages bekam ich eine Anfrage von einem belgischen Rundfunksender, ob ich Interesse hätte, in einer Live-Sendung im Radio direkt mit Zuhörern zu sprechen und ihre Fragen zu beantworten. Das Thema war die medizinische Heilhypnose. Man brauchte mich nicht zweimal zu fragen. Die medizinische Heilhypnose lag mir am Herzen und gerne war ich bereit dazu, aus meiner Sicht aufzuklären und Fragen zu beantworten. Während der Sendung rief auch Frau K. im Rundfunksender an und stellte ihre Fragen. Sie war sehr interessiert an meiner Arbeit. Ein paar Tage später meldete sie sich in meiner Praxis und machte einen Termin aus. Frau K. nahm einen weiten Weg auf sich, um zu mir zu kommen. Sie wohnte 150 Kilometer weit entfernt von mir Praxis.
Ihr Mann brachte sie mit dem Auto zu mir in die Praxis und wartete während jeder Behandlung draußen auf sie. Frau K. litt unter Schmerzen im ganzen Körper. Angefangen bei ihrem Herzen mit Herzkranzgefäßverengung und hohem Blutdruck, über Schmerzen in Magen und Darm bis hin zu einem verspannten Nacken. . Und auch ihre Blase machte ihr ständig Probleme. Sie hatte einen Hüftgelenkverschleiß und damit in Verbindung Schmerzen, die in das linke Bein ausstrahl-

ten. Im ersten Gespräch schilderte mir Frau K. ihre Erlebnisse bei Ärzten und anderen Therapeuten. Bisher hatte man ihr Cortison gegen die Schmerzen und sonstige Schmerzmittel verordnet. Sie bekam blutdrucksenkende Mittel für ihren hohen Blutdruck. Sie brachte zum ersten Termin, den sie bei mir hatte, eine Plastiktüte voller Medikamente mit, die sie alle einnehmen musste. Sie war mit ihren 67 Jahren schon Jahrelang auf Suche nach Heilung. Sie erzählte mir, sie wäre schon zufrieden, wenn die Schmerzen weniger werden würden und sie ihre Arbeit im Haus und der Familie wieder verrichten könnte. Frau K. war 178 cm groß und allem Anschein nach, auch eine starke Frau. Aber das schien nur äußerlich.

Ich sah eine Frau vor mir, die sich bemühte tapfer und optimistisch zu sein. Ihre Umwelt mochte sie damit vielleicht täuschen. Aber ich fühlte die Hoffnungslosigkeit und die Verzweiflung in dieser Frau. Es war wie ein Schrei nach Hilfe, den ich hörte. Sie erschien mir innerlich kleiner, als es ihrer äußerlichen Größe entsprach, irgendwie gebeugt. Dann erzählte sie mir aus ihrem Leben. Zum Beispiel davon, wie sie sich als Vierjährige mit heißem Kaffee verbrühte. Der kochend heiße Kaffee ergoss sich ihr über ihre Oberschenkel und Knie und es entstanden große Brandblasen dabei. Welche Gefühle mussten damals in diesem kleinen Kind getobt haben, welche Qualen, hatte sie damals ausstehen müssen? Es erfordert sehr viel Sorgfalt von einem Erwachsenen, mit so einem schwer verletzten Kind umzugehen. Aber in ihrem Falle ging die Mutter nicht behutsam mit ihr um. Da sie für ihr Alter viel größer war als andere Kinder, wurde von ihr offenbar automatisch erwartet dass sie auch mehr Schmerz aushalten könnte. Sie solle sich nicht so anstellen, sie wäre doch schon groß. Wie sehr hatte doch schon in diesen jungen Jahren ihre kleine Seele gebrannt, und so begann sie sich schon als Kind damit, sich für ihre Größe zu schämen.

Sie versuchte, gebeugter zu gehen, um kleiner zu erscheinen. Ständig wurde sie von den anderen Kindern aufgrund ihrer Größe gehänselt und ausgelacht. Innere Qualen hatte dieses kleine Mädchen durch zu machen. Aber mit dem Gehänseltwerden auf der Straße war es nicht genug. Von ihr wurde auch immer mehr körperliche Leistung erwartet. Stets musste sie die schweren Arbeiten verrichten.

Trotz dieser schweren Kindheit verlor diese Frau nicht ihren Humor, sie versuchte in allem etwas Positives zu sehen. Sie nahm ihr Leben mit vielen Schicksalsschlägen in Geduld auf sich, sie zog drei Kinder groß und versorgte ihren schwerkranken Vater bis zu seinem Tode. Dass sie bei seinem Sterben nicht dabei war, belastete sie sehr, sie wurde nicht damit fertig und fühlte sich schuldig.

Sie war ein Mensch, der immer nur für die Anderen da war, nie forderte sie für sich selbst etwas ein. Jetzt waren die Kinder aus dem Haus und brauchten ihre Mutter nicht mehr so sehr. Sie, die immer nur für andere gesorgt hatte, wurde nicht mehr in dem üblichen Maße gebraucht. Mit dieser neuen Situation wurde sie nicht so leicht fertig. Sie hatte sich nie darauf vorbereitet, auch einmal etwas für sich zu tun. Mit ihrer mütterlichen Liebe und Sorge wurde sie ihren Kindern oft zur Last. Die Kinder konnten ihre gut gemeinten Ratschläge nicht mehr hören und ließen das auch die Mutter spüren. Frau K. begann sich überflüssig zu fühlen. Sie fühlte sich auf einmal einsam und verletzt. Es war wie in den Kinderjahren: keiner wollte mit ihr etwas zu tun haben, so nahm es zumindest ihr Unterbewusstsein wahr. Diese Gefühle machten Frau K. krank und ich wusste jetzt, wo die Ursache ihrer Beschwerden lag.

Schon das Gespräch tat Frau K. gut. Endlich war da jemand, der ihr zuhörte und sie ernst nahm mit allen ihren Beschwerden. Wie oft hatte sie in der letzten Zeit von Ärzten und Therapeuten gehört: „Mit diesen Beschwerden müssen Sie leben!" Sie sagte zu mir: „Ich hatte immer das Gefühl, wenn man mir das sagte, dass man mich nicht ernst nimmt und dachte, ich bilde mir meine Schmerzen nur ein." Sehr oft wurde ihr auch gesagt, dass sie doch schon ein gutes Alter erreicht hätte und den Rest des Lebens mit den Schmerzen schon fertig werden würde. Ich nahm ihre Hände in meine, sah sie an und sagte zu ihr: „Sie haben ein Recht auf ein langes und gesundes Leben. Können Sie sich vorstellen, ganz ohne Schmerzen und mit Freude alt zu werden?" Sie schaute mich ungläubig an und sagte: „Das wäre zu schön, um wahr zu sein. Ich wäre ja schon zufrieden, wenn ich nicht immer die ganz starken Schmerzen hätte und endlich von den vielen Medikamenten wegkäme." Frau K. hatte Vertrauen zu mir, und das sollte ein großer Schritt zu ihrer Gesundheit werden. Wir besprachen einen Behandlungsplan, der aus zwei Behandlungen bestand: zuerst die NPSO und danach die med. Heilhypnose, die eine entscheidende Rolle spielen sollte. Ich fragte Frau K. nach ihren Wünschen und Zielen. Es fiel Frau K. sichtlich schwer, Wünsche zu äußern. Sie war sehr bescheiden und ich motivierte sie, machte ihr Vorschläge, auf die sie dann zögernd einging. Ihr Leben war bis dato anspruchslos gewesen. Und so waren es erst einmal nur kleine Wünsche, die sie äußerte. Ich notierte mir alles ganz genau.

Anschließend behandelte ich Frau K. zuerst mit der NPSO. Von den Füßen bis zu den Knien suchte ich mit dem Stift nach Störfeldern. Die Störfelder machten sich durch einen lauten Ton bemerkbar und dann hielt ich das Rotlicht solange darauf, bis der Ton verstummte.

Nach dieser Behandlung, die ungefähr eine halbe Stunde dauerte, gingen wir in das Hypnose-Zimmer und ich bat Frau K., sich auf die bequeme Liege, die im Zimmer stand, zu legen. Mit einer hellen weichen Decke deckte ich sie zu. Dann setzte ich mich in einen Sessel an ihre linke Seite. Als erstes kontrollierte ich ihren Blutdruck und notierte mir die Werte. Im Hintergrund des Zimmers lief leise Musik, das Zimmer war etwas abgedunkelt. Alles diente dazu, Frau K. Ruhe und Geborgenheit zu vermitteln. Sie schaute mich fragend an, lächelte höflich, richtig lieb. Ich bat sie, meine rechte Hand auf ihre linke Schulter legen zu dürfen und sie stimmte zu.

Dann bat ich sie, ihre Augen zu schließen und sich nur noch auf meine Worte zu konzentrieren. Ruhig und langsam sprach ich zu ihr. Ich sah, wie sehr ihr Körper verkrampft und angespannt war. Es war das erste Mal in ihrem Leben, dass sie eine medizinische Heilhypnose erlebte. Alles war neu für sie und es fiel ihr sichtlich schwer, die Augen geschlossen zu halten. Ich bewunderte sie für das Vertrauen, das sie zu mir aufgebaut hatte. Hatte ich doch schon viel jüngere Patienten bei mir auf der Coach liegen gehabt, die nicht so ruhig liegen blieben wie sie. Meine beruhigende Stimme, die leise Musik im Hintergrund und meine warme Hand auf ihrer Schulter vermittelten ihr eine angenehme Ruhe. Ich sprach ruhig weiter und führte Frau K. in Gedanken zu ihrem Wohnsitz, der an einem sanft ansteigenden Hang mit grünen Wiesen lag. Sie liebte und genoss von ihrem Haus aus die Aussicht auf die Täler und Wiesen.

„Stellen Sie sich vor", begann ich, „Sie liegen auf einer Decke im warmen weichen Gras. Vor sich sehen Sie den grünen, sanften Hang, der hinunter bis in die Täler reicht. Sie spüren einen leichten Wind, der durch Ihr Haar streicht und atmen die frische Luft tief in sich ein. Sie nehmen die Ruhe der Natur in sich auf. In dieser Ruhe entspannt sich Ihr Kopf und Nacken mehr und mehr."

Ich legte meine Hand an ihren Magen und ließ die Wärme, die von meiner Hand ausstrahlte, in ihren Körper strömen. Durch diese Wärme lösten sich alle Verkrampfungen im Magen und Darm, der Bauch wurde warm und weich. Dann sprach ich ihre Blase an und beonte, wie stabil jede Blasenzelle sei. Wie gut die Blase den Urin speichern könne oder ihn gleichmäßig abgeben.

Dann sprach ich das Herz an und sagte: „Fühlen Sie Ihr Herz, wie ruhig und gleichmäßig es schlägt. Ihr Herz, dieser wunderbare, einzigartige Motor ihres Körpers, pumpt unermüdlich, Tag und Nacht frisches sauerstoffreiches Blut in den Kreislauf. Und dieses Blut leistet lebenswichtige Arbeit. Es transportiert Sauerstoff und Nahrung zu den Organen und Zellen, aber es entsorgt auch die Organe und Zellen von Abfall und Schlacken, die dann vom Körper ausgeschieden werden. Es ist eine Arbeit, die Tag und Nacht ohne dass Sie etwas dazu tun, geschieht. Ruhig und gleichmäßig geht Ihr Atem ein und aus, mit jedem Einatmen strömt wunderbare Ruhe in Sie hinein. Ihr Herz schlägt so ruhig, so gleichmäßig, kraftvoll und gesund. Mit jedem Atemzug füllt sich Ihr ganzer Körper von Kopf bis Fuß mit wunderbarer Ruhe.

Ihr Herz fühlt sich wohl frei und entspannt. Ihr Kreislauf fließt gesund und stabil durch Ihre Organe und Ihr Blutdruck normalisiert sich. Ihr Körper kommt in Schwung. Sie werden von Tag zu Tag leistungsfähiger, weil Sie fühlen, dass Sie es schaffen. Dieses Gefühl ‚Ich schaffe es' durchströmt Sie Tag und Nacht. Glauben Sie an sich, Sie sind stark genug, alles zu schaffen. Alles ist möglich. Was andere können, das können Sie auch. Sie sind wichtig, dass Sie sich gesund und frei fühlen ist wichtig. Sie bestimmen über sich, bestimmen über Ihren Körper. Sie machen alles richtig. Sie denken, fühlen, handeln immer positiv und alles woran sie fest glauben, das erreichen sie auch. Sie finden in Zukunft eine neue Einstellung zu sich selbst. Voller Ruhe, starkem Selbstvertrauen und gesunder Kraft. Ihr Herz, ihr Kreislauf, Ihr Blutdruck werden stabiler von Tag zu Tag. Sie fühlen sich wohl und entspannt. In diesem Wohlgefühl stellen Sie sich vor, Sie machen einen Spaziergang in einem wunderschönen Park. Sie atmen die milde Luft tief in sich ein. Durch die Blätter der mächtigen Bäume sehen Sie die Sonne am weiten blauen Himmel. Sie fühlen warme Sonnenstrahlen auf Ihrer Haut. Weit fort ist jetzt der Alltag und alle Last fällt von Ihnen ab. Mit jedem Schritt, den Sie gehen, weicht der Druck und Sie fühlen sich von allen Zwängen befreit. Eine Harmonie geht von diesem wunderschönen blühenden Park aus. Sie fühlen sich so wohl auf diesem Spaziergang und genießen die Blütenpracht der vielen Blumen, die rechts und links am Wege blühen. Sie folgen langsam dem Weg, der durch den Park führt und stehen jetzt vor einem herrlich blühenden Rosenstrauch. Dieser Rosenstrauch ist geschnitten und geformt wie ein Herz. Seine Blüten sind groß und duften verführerisch. Mitten in diesem Rosenherz steht eine besonders kräftige, wunderschöne Rosenknospe.

Sie treten näher an diese Rosenknospe heran und ganz zart, ganz vorsichtig, berühren Sie mit Ihren Fingern diese Blüte. Unter Ihrer zarten Berührung öffnet sich die Rosenknospe. Starke, kraftvolle, gesunde Blütenblätter entfalten sich langsam. Sie halten diese wunderschöne weit geöffnete Rose ganz zärtlich in ihrer Hand. Und genau wie diese gesunden, kräftigen Blütenblätter von der Hülle befreit sind, wird auch Ihr Herz von Druck, Zwängen und Last befreit. Ihr Herz wird leistungsfähiger, kraftvoller und es pumpt Tag und Nacht frisches, sauerstoffreiches Blut durch den Kreislauf. Sie bleiben von nun an in allen Lebenssituationen immer ganz ruhig und entspannt. Ganz gleich, wo Sie sind oder was Sie tun. Sie bleiben immer ganz ruhig und entspannt. Alle Unruhe, alle Angst fällt von Ihnen ab wie ein welkes buntes Blatt von einem Baum im Herbst. Alle meine Worte sind wie kleine Samenkörner, die sich tief in Ihr Unterbewusstsein einbetten. Ihr Unterbewusstsein arbeitet jetzt an meinen Worten, verwirklicht alles, was ich zu Ihnen sage. Es kann gar nicht anders sein, weil es ja Ihr Wunsch ist. Glauben Sie an sich! Sie sind stark genug es zu schaffen. Alles ist möglich - was andere können, das können sie auch." Meine ganze Aufmerksamkeit und Konzentration galt meiner Patientin. Ich sah, wie ruhig sie atmete, wie sich ihr Körper langsam immer mehr entspannte. Hin und wieder ging ein leichtes Zucken durch ihre Arme und Beine. Für mich war das ein Zeichen dafür, dass sich die Anspannung in ihrem Körper löste. Ich sah in ihr Gesicht: Es wirkte entspannt und die Wangen wurden rosig durchblutet.

Ich kam zum Ende der Therapie und brachte sie behutsam wieder in das Zimmer zurück. Dann bat ich sie, die Augen zu öffnen. Als sie das tat, wurde ich mit einem Lächeln aus ihren Augen belohnt.

Ich fragte sie, wie sie sich fühlte, wie sie die Therapie empfunden hätte. Sie erzählte mir, dass sie ein Kribbeln im Magen gespürt hätte, als ich meine Hand auf ihren Magen legte. Sie berichtete weiter, dass sie sich innerlich etwas leichter fühlen würde. Für sie war es eine neue Erfahrung, mit der sie noch nicht richtig etwas anfangen konnte. Ich kontrollierte wieder ihren Blutdruck und sah, dass er sich erheblich gesenkt hatte. Für mich war dies ein Zeichen von optimaler Entspannung. Ich erklärte ihr, wie gut ihr Körper auf die Therapie reagiert hätte. Nach einem ausführlichen Gespräch machten wir einen neuen Termin aus und sie fuhr sichtlich erleichtert nach Hause.

Schon in der zweiten Behandlung entspannte sich Frau K. so tief, dass sie mich zeitweise nicht mehr bewusst hörte. Sie berichtete hinterher, dass sie starke Wärme im Magen verspürte und sich während der Therapie zeitweise schwer gefühlt hätte. Nach der Behandlung, fühlte sich Frau K. dann aber leicht und wesentlich freier. Ihr Blutdruck besserte sich abermals.

Beim dritten Termin berichtete mir Frau K., dass sie auch zuhause keine Probleme mit Magenschmerzen mehr hätte und dass sie nun keine Medikamente einzunehmen bräuchte. Auch mit dem Darm hätte sie weniger Beschwerden. Der Blutdruck normalisierte sich. Nur in der Nacht hätte sie Nackenschmerzen gehabt.
Beim vierten Termin berichtete mir Frau K., dass sich auch die Schmerzen im linken Bein gebessert hätten. Stolz berichtete sie, dass sie jetzt auch mal ihre Meinung in der Familie laut sagen würde. Sie wirkte überhaupt insgesamt viel selbstbewusster und sie ging aufrechter. Sie hatte mir eine Liste mit ihren Blutdruck-Werten mitgebracht. Auch zuhause hatte sich ihr Blutdruck gebessert. Ich sah an den Werten, dass sich ihr ganzer Zustand stabilisierte. Von Behandlung zu Behandlung ging es Frau K. immer besser. Sie ging aus sich heraus und sagte jedem offen ihre Meinung, wenn ihr etwas nicht gefiel. Auch ihre Kinder waren glücklich über die Genesung der Mutter. Sie erkannten sie kaum wieder. Alle wunderten sich darüber, wie positiv und auch resolut Frau K. jetzt sein konnte. Eine Mutter, die ihren Kindern ihre Freiheit ließ, weil auch sie sich selbst die Freiheit gönnte.
Sie wusste jetzt, dass man auch in ihrem Alter noch das Recht hat, ein schönes Leben zu führen. Und sie war bereit, von nun an ihr Leben zu genießen, in Ruhe und Gelassenheit durchs Leben zu gehen, sich nicht mehr beeinflussen zu lassen und jedem offen ihre Meinung äußern. Sie hatte sich eine gesunde Einstellung zu ihrem Leben und zu ihren Mitmenschen erarbeitet.
Ich empfand Freude und Dankbarkeit durch meine Arbeit. Wieder durfte und konnte ich einem Menschen helfen.

In eine neue Haut schlüpfen

Frau Petra K. war eine zierliche, hübsche, schlanke Frau im Alter von 45 Jahren. Sie kam an einem grauen, regnerischen Januartag in meine Praxis. Nach dem wir uns begrüßt hatten, bat ich sie, im Sessel Platz zu nehmen und forderte sie auf, mir zu sagen, was sie zu mir

führe. Sie sah mich etwas unsicher an, doch als ich sie dann anlächelte, war das Eis gebrochen und Frau K. erzählte mir ihre Krankheitsgeschichte:
Seit zwanzig Jahren litt sie unter Schuppenflechte an den Händen Armen und Beinen, bis in die Zehenspitzen. Es fing vor zwanzig Jahren langsam an, und wurde von Jahr zu Jahr immer schlimmer. Anfangs konnte sie die erkrankten Stellen noch verbergen, aber jetzt musste sie nicht nur im Haushalt, sondern auch im Geschäft täglich Handschuhe tragen. Nicht nur, dass die Hände schmerzten, es war auch den Kunden nicht zuzumuten, den Anblick ihrer erkrankten Haut zu ertragen. Sie war in den vergangenen Jahren schon bei mehreren Ärzten gewesen, die mit verschiedenen Behandlungsmöglichkeiten versucht hätten, ihre Leiden zu lindern. Ab und zu wäre es ihr auch besser gegangen, aber immer wieder brach die Schuppenflechte dann wieder auf. Ihr Arzt hätte ihr gesagt, damit müssen sie leben, diese Krankheit sei nicht heilbar, man könne sie nur lindern.
Sie kam jetzt zu mir, weil sie von der medizinischen Hypnose-Therapie gehört hätte, und es damit versuchen wollte. Nach einem langen Gespräch bat ich sie, sich auszuziehen und mir die erkrankten Körperstellen zu zeigen. Die Schuppenflechte zog sich von den Zehen über die Füße hoch, über die Beine bis zum Oberkörper hinauf. Die Arme und Ellenbogen waren bedeckt von Schuppenflechte. Die Hände bluteten aus vielen kleinen Rissen. Ich sah mir ihre Füße an. Ihre Füße sahen aus wie rohes Fleisch, die Zehnnägel eiterten. Beide Fußsohlen waren durch tiefe Risse aufgesprungen und bluteten zum Teil. Diese tiefen Risse in den Fußsohlen verursachten ihr beim Gehen so starke Schmerzen, dass sie sich nur mühsam fortbewegen konnte. Da sie als Geschäftsfrau täglich im Geschäft stehen musste, trug sie ausgetretene Schuhe. Diese Schuhe triefen voller Fett, denn sie musste ihre Füße mehrmals täglich mit einer dicken Cremeschicht einreiben, um überhaupt darauf gehen zu können. Die Schuppenflechte zog sich an den Beinen hinauf. Es gab große Flächen, die zum Teil schuppig waren und zum Teil durch den ständigen Juckreiz aufgekratzt und blutig entzündet waren.

Die Schuppenflechte zog sich über die Oberschenkel zum Po und zum Oberkörper hin. Selbst im Ohr breitete sich die Schuppenflechte aus. Auch am Körper waren durch den starken Juckreiz mehrere Stellen aufgekratzt und blutig entzündet. Sie trug weiße Handschuhe, um ihre aufgesprungenen und entzündeten Hände zu schützen. Gleichzeitig schämte sie sich für ihre Hände. Sie musste täglich im Geschäft ihre Kunden bedienen und wollte keinem ihre entstellten Hände zeigen. Daher trug sie die Handschuhe.
Trotz all dieser starken Beschwerden machte sie einen fröhlichen Eindruck auf mich. Sie sagte zu mir: Sie hätte sich mit ihrer Krankheit abgefunden und versuchte das Beste daraus zu machen. Sie ließ sich nicht unterkriegen. Sie war eine geborene Kämpferin.
Nach dem sie mir ihr ganzes Leid erzählt hatte, saß sie nun vor mir und ich sah in ihren Augen, die mich fragend anschauten, ein großes Fragezeichen. Ich ahnte, dass ihr Leiden eine lange Behandlung erforderte.
Wir sprachen über die Therapien, mit denen ich sie behandeln wollte.
Ich sagte ihr, dass ich mit dem monochromatischen Rotlicht aus der NPSO ihre erkrankten Hautstellen bestrahlen würde, um die Haut zur Heilung anzuregen und danach die medizinische Heilhypnose einsetzen würde. Ich machte ihr klar, dass ich ihr nicht versichern könnte, ganz gesund zu werden, aber alles in meiner Macht Stehende einsetzen würde, um ihr zu helfen. Sie willigte ein, wollte es unbedingt versuchen.
Ich wusste, dass eine schwere lange Behandlungszeit vor ihr und mir liegen würde und dass das Ende nicht voraussehbar war.
Dann kam sie zur ersten Behandlung. Ich bat sie, die Strümpfe auszuziehen und sah, dass die rechte Großzehe stark vereitert war. Die Vereiterung war schon weit fortgeschritten. Um eine Blutvergiftung zu vermeiden, hielt ich es für besser, sie damit zum Arzt zu schicken, damit der gegebenenfalls den Zehnnagel entfernen würde. Doch sie lehnte meinen Vorschlag energisch ab, das wollte sie auf keinen Fall.
Ich sah mir den vereiterten Zehnnagel an. Der Eiter saß dick darunter und der Nagel löste sich schon etwas ab. Nachdem ich alles vorschriftsmäßig desinfiziert hatte, arbeitete ich vorsichtig und behutsam,

ohne dabei mit dem Zeh in Berührung zu kommen, an dem vereiterten Zehnnagel. Ganz vorsichtig suchte ich vorne an der Großzehe nach Messpunkten, die auf Störfelder hinwiesen.
Anschließend löste ich sie mit dem monochromatischen Rotlicht auf. Frau K. sagte mir, dass sie Wärme im Zeh spüre, Wärme und ein leichtes Jucken. Nach dem ich auch die anderen Zehen ausreichend behandelt hatte, legte ich eine dicke Schicht mit Rescue-Salbe nach Dr. Bach auf die vereiterte rechte Großzehe und Nagel und legte danach einen leichten schützenden Verband an. Anschließend bestrahlte ich sämtliche kranken Körperstellen mit dem monochromatischen Rotlicht.
Der erste Teil der Behandlung war beendet und ich ging mit Frau K. in das Nebenzimmer. Dort bat ich sie, sich auf die bequeme Liege zu legen. Ich deckte sie mit einer leichten Decke zu, setzte mich neben sie, kontrollierte ihren Blutdruck und notierte ihn. Der Puls war etwas hoch. Er lag bei 90 Schlägen in der Minute. Es war ja ihre erste Therapie mit medizinischer Heilhypnose. Kein Wunder, wenn sie da etwas aufgeregt war, auch wenn sie großes Vertrauen zu mir hatte. Für ihr Unterbewusstsein war es etwas Neues, auf das sie sich nun zum ersten Mal einlassen wollte. Ich bat sie darum, während der ganzen Therapie meine Hand auf ihre Schulter legen zu dürfen und sie willigte ein. Die Musik erklang leise im Hintergrund und ich ermunterte sie, die Augen zu schließen.
Ich sprach betont ruhig und langsam zu ihr: „Sie atmen jetzt ruhig ein und aus, ganz ruhig und gleichmäßig atmen Sie ein und aus. Sie atmen einfach so, wie es für Sie bequem ist. Mit jedem Atemzug strömt eine tiefe, wunderbare Ruhe in Sie hinein. Diese Ruhe entspannt Ihren ganzen Körper mehr und mehr. Sie fühlen sich wohl und gelöst. Weit fort ist jetzt der Alltag mit all seinen Sorgen und Problemen. Sie dürfen sich jetzt entspannen, dürfen alles loslassen, was Sie belastet."
Währenddessen beobachtete ich ihren Körper, ihr Gesicht und sah, wie ihre Augen blinzelten. Es fiel ihr sichtlich schwer, die Augen geschlossen zu halten. Ich ließ ganz bewusst Ruhe in ihre Augenlider strömen, indem ich sagte: Ihre Augenlider werden jetzt immer entspannter. Eine tiefe Ruhe strömt in ihr Gesicht. Sie versinken in einen

immer tieferen Zustand der Entspannung." Sie reagierte darauf und das Zucken hörte auf, ihre Augenlider entspannten sich und blieben von da an geschlossen.

In der Hypnose führte ich sie nach Jerusalem ans Tote Meer. Dort ließ ich sie bei herrlichem Sonnenschein im salzigen Meerwasser baden. Ich hieß sie mit den Füßen langsam in das angenehme warme Meersalzwasser hineinzugehen und sagte ihr, sie solle sich auf ihre Füße konzentrieren und zusehen, wie das warme salzige Meerwasser über ihre Füße liefe und wie gut das ihren Füßen täte.

Weiter sagte ich zu ihr: „Sie fühlen jetzt, wie die Heilkraft des Salzwassers langsam und warm durch die Füße strömt, dann weiter warm die Beine hinauf. Sie fühlen sich wohl und entspannt dabei, Nun müssen Sie sich ganz fest wünschen, dass die Heilkraft immer stärker wird und den ganzen Körper erfüllt. Riechen und schmecken Sie die Luft. Es riecht nach Soda und schmeckt nach Salz. Sehen Sie sich Ihre Füße an, Ihre Beine und dann Ihre Hände. Sie sehen jetzt, wie sich die Schuppenflechte zurückbildet, wie sich die Risse in den Händen und Fußsohlen immer weiter schließen, wie Ihre Haut am gesamten Körper immer zarter und gesünder wird. Ihr Immunsystem ist mächtig und stark. Es wird von nun an wieder jeden Krankheitserreger und jede entartete Zelle erkennen und vernichten." Ich motivierte sie, indem ich ihr immer wieder zuredete, dass sie es schaffen würde. Sie würde gesunde Kraft bekommen, um ihre Schuppenflechte zu besiegen. Ich sagte ihr Worte der Zuversicht und Kraft und beobachtete ihren Körper genau. Langsam konnte ich sehen, wie sie sich mehr und mehr entspannte. Schließlich kam ich zum Ende der Therapie und führte sie wieder zurück in das Zimmer. Ich sprach die Weckformel und ein paar positive Worte für den Alltag und ihre Zukunft. Dann beendete ich die erste Therapie und bat sie, die Augen wieder zu öffnen.

Ich fragte sie, wie sie die erste Sitzung empfunden hätte. Sie sagte mir, es wäre schön gewesen und sie fühlte sich irgendwie leichter. Für das erste Mal war das gut. Wieder kontrollierte ich ihren Blutdruck und sah, dass sich ihr Puls von 90 Schlägen auf 78 Schläge gesenkt hatte. Ich wertete das als Zeichen der Entspannung.

Von Therapie zu Therapie lernte sie sich immer besser zu entspannen. Es ging ihr besser und sie berichtete mir, dass sie auch wieder Freude im täglichen Alltag spürte. Ihre Familie verblüffte sie mit positiven Sprüchen.
Zur dritten Therapie, kam sie entmutigt in meine Praxis. Sie sagte, übers Wochenende sei eine Verschlimmerung ihrer Schuppenflechte eingetreten. Ihre Hände waren blutig aufgerissen und sie hatte starke Schmerzen an den Händen. „Es hilft ja doch nicht", sagte sie und zweifelte wohl auch schon an der Therapie.
Im Großen und Ganzen jedoch würde sie sich ruhiger fühlen und darum sei sie wieder gekommen. Ich bat sie Platz zu nehmen und mir ihr letztes Wochenende zu schildern. Ich wollte genau wissen, was sie in diesen Tagen alles getan und erlebt hätte. Darauf erzählte sie mir, dass sie bei ihrer Familie zu Besuch gewesen war und sich über ihre Schwester geärgert hätte.
Ihre Schwester hätte sie heruntergeputzt und sie habe sich nicht dagegen wehren können, weil sie fürchtete, zu weinen anzufangen. Mir wurde klar, dass ihr Ärger, den sie empfunden hatte, diese Verschlimmerungen bewirkten. Sie war offensichtlich noch nicht stark genug, sich gegen ihre Umwelt durchzusetzen. Sie ließ es noch zu, dass man sie verletzte, ihr weh tat oder sie sogar beleidigte. In ihr tobten dann diese Gefühle und äußerten sich über die Haut nach außen.
Nach dem Gespräch bat ich sie, wieder auf der Liege Platz zu nehmen und deckte sie mit einer leichten Decke zu. Leise lief die Musik im Hintergrund. Langsam und ruhig entspannte ich sie mit positiven Worten. Als ich spürte, wie wohl sie sich fühlte, ließ ich sie auf einer warmen weichen Wolke schweben. Ich sagte ihr, dass diese Wolke sie behutsam ans Totenmeer tragen würde. Dort angekommen, ließ ich sie auf der Wolke liegend vorsichtig hinunter schweben und am Strand im warmen weichen Sand aufsetzen. Wieder schien die Sonne vom blauen Himmel und sie fühlte sich frei und gelöst. Frei von allen Vorwürfen und Ärger. Ich suggerierte ihr, dass der Alltag nun weit fort sei und mit jedem Schritt, den sie jetzt ins Wasser setzen würde, aller Ballast verloren ginge.

Dann ließ ich sie in das warme heilkräftige Salzwasser gehen. Ich sagte ihr, sie solle sich ganz in das flache warme Meer legen, bis der ganze Körper mit Wasser bedeckt sei. Ich motivierte sie und betonte, wie wohl ihr das tue, und dass sie spüren könne, wie die heilende warme Kraft des Salzwassers an ihr arbeitet. Ich sprach weiter: „Heben sie jetzt das rechte Bein aus dem Wasser und sehen Sie sich den Fuß und das Bein an, wie glatt und weich die Haut geworden ist. Jetzt heben Sie das linke Bein aus dem Wasser und auch hier sehen Sie, wie die Haut am Fuß und Bein glatt und weich geworden ist. Sehen Sie sich Ihre Hände an, wie zart die Haut an den Händen ist, wie weich und glatt. Wie stark die Heilkraft des Salzwassers ist und wie sich die Schuppenflechte langsam ablöst." Ich ließ sie in dieser gelösten Stimmung noch etwas im warmen Wasser liegen. Ich sah an ihrer Körperhaltung, dass sie es genoss und sich wohlfühlte. In dieser entspannten Situation motivierte ich sie, an sich zu glauben. Ich erklärte ihr, dass sie sich genau so wohl, frei und gelöst auch nach der Sitzung noch fühlen würde. „Sie sind stark, Sie schaffen alles." Dann kam ich langsam zum Ende und weckte sie, indem ich von 1 bis 6 zählte. Nachdem sie die Augen öffnete, strahlte sie mich an und sagte: Das war so schön, als die Wolke mit mir hinunter schwebte auf das Wasser und den Strand zu! Da bin ich einfach abgesprungen, direkt in das Wasser. Ich konnte es nicht erwarten, in das warme heilende Wasser zu kommen." Dabei schaute sie immer wieder auf ihre Hände, als wäre etwas geschehen.

Nach der Therapie testete ich für sie Blüten nach Dr. Bach aus und bat sie, diese Mischung mit dem Melkfett, das sie für ihre kranken Hände benutzte, zu vermischen und ihre Hände damit einzucremen.

  Als sie zur vierten Behandlung kam, zeigte sie mir freudestrahlend ihre Hände. Die Handflächen waren geschlossen und die Hände schmerzten nicht mehr so sehr. Sie erzählte mir von ihrem Traum, den sie in der Nacht nach der dritten Therapiestunde gehabt hatte. Sie sah sich im Traum im Toten Meer baden und sie stellte fest, dass ihre Haut glatt und gesund war.

  Als sie in der Nacht aus diesem Traum erwachte, bemerkte sie, dass das ganze Schlafzimmer nach Soda roch. Ganz bewusst nahm sie diesen Soda-Geruch wahr. Es ging ihr nach der vierten Behandlung wesentlicher besser. Sie war wieder motiviert weiterzumachen. Nach der sechsten Behandlung begannen sich die blutigen Risse an den Füssen langsam wirklich zu schließen. Frau Petra K. bat mich dann doch Fotos von ihren Füßen zu machen, um den Erfolg später zu dokumentieren, was ich auch tat. Dann berichtete sie mir, dass sie vor 15 Jahren die linke Großzehe gebrochen hatte und diese seitdem nur unter Schmerzen bewegen konnte. Seit der Behandlung mit dem monochromatische Licht ließe sich diese Zehe jetzt wieder leicht hin und her bewegen. Außerdem würde sie ihren Ischias-Nerv, der ihr Jahre Schmerzen bereitetet hätte, nicht mehr spüren.

In der siebten Therapie-Hypnose ließ ich Frau K. mit nackten Füßen über eine Blumenwiese gehen. Auf dieser Blumenwiese stand eine große Badewanne, gefüllt mit Milch und Honig. Darin ließ ich sie baden. Ich sagte zu ihr: „Ihre Haut wird jetzt besser versorgt, und mit der besseren Durchblutung werden mehr und mehr Abwehrstoffe zu den erkrankten Hautstellen getragen.

Unter dem Einfluss der verstärkten Immun-Abwehr klingen alle Reize und Entzündungen nun weiter ab. Alle krankheitserregenden Stoffe werden automatisch bekämpft und vom Körper ausgeschieden. Auf diese Weise wird ihre Haut nach und nach wieder ganz glatt und rein. Ganz normal, gesund und glatt wird die Haut, und sie fängt jetzt schon zu heilen an. Der Heilungsprozess wird auch nach der Hypnose ganz von selbst weiter gehen. Die Haut heilt ab. Ganz angenehm glatt und rein wird sie werden. Die Haut heilt von innen nach außen wird gesund und ganz zart. Sie wissen genau, dass Ihre Haut so gesund, wie sie jetzt wird, dann auch ein Leben lang bleibt."

Frau Petra K. reagierte sehr gut auf die Behandlung. Doch immer wieder kamen Rückschläge. Sie hatte noch nicht genug Kraft, um sich gegen ihre Umwelt zu wehren. Immer war es die Familie, die ihre Gefühle in Wallung brachten und ihre Haut vor Verletzungen förmlich wieder aufblühen ließ.

Jedes Mal waren dann sofort wieder ihre Zweifel da, ob ihr diese Therapie überhaupt die Heilung bringen würde, die sie sich von ganzem

Herzen wünschte. Ihre rechte Großzehe eiterte wieder und schmerzte. Ich cremte ihn mit Rescue-Salbe ein. Wir sprachen lange über ihre Gefühle und ihre Verletzbarkeit. Ich erklärte ihr, was diese Gefühle in ihr auslösen. Immerhin merkte ich, dass das Gespräch sie aufbaute und sie anschließend wieder zuversichtlicher nach Hause ging.

Schon zum nächsten Termin kam Frau K. weinend vor Freude in meine Praxis. Sie zeigte mir sofort ihre rechte Großzehe und berichtete mir, die Vereiterung an ihrem Zeh sei zurückgegangen und er täte nicht mehr weh. Diese kleinen Erfolge motivieren meine Patientin enorm. Sie war entschlossen die Behandlung fortzusetzen.

So kam sie zur neunten Behandlung und wie immer behandelte ich zuerst die erkrankten Hautstellen mit dem monochromatischen Licht. Ich suche mit dem Messstift nach Störfeldern und bestrahlte diese. Frau K. freute sich schon auf die anschließende medizinische Heilhypnose. Während dieser Sitzung sah sie vor sich ein schwarzes Bild ablaufen. Ihr Herz schlug ihr bis zum Hals. Aber dennoch blieb sie ruhig und gelöst.

Nach der Hypnose sprachen wir über dieses Bild, fanden aber keine Erklärung dafür. Aus meiner Erfahrung weiß ich, dass alles seine Zeit braucht. Ich sage ihr, dass sie sich keine Gedanken machen solle, es werde von ganz allein kommen.

Als sie zum nächsten Termin in meine Praxis kam, berichtete sie mir, dass sie noch in der gleichen Nacht einen Traum hatte. Im Traum war sie im Urlaub und wurde von zwei Kindern bestohlen. Ihr Mann, dem sie im Traum davon berichtet, sagt zu ihr: „Du bist selber schuld. Denn schließlich bist du ja allein in den Urlaub gefahren." Wir unterhalten uns über diesen Traum. Ich sage zu ihr: „Sie haben zwei Kinder, für die Sie alles tun. Ihr Mann ist nicht immer damit einverstanden. Und hinter dem Rücken Ihres Mannes geben sie stets den Forderungen ihrer Kinder nach. Wenn sie aber mal Ihre Kinder brauchen, sind diese nicht für Sie da. Sie sind darüber enttäuscht und sprechen dann mit Ihrem Mann. Er aber hat kein Verständnis für Sie. Er meint, Sie verwöhnen Ihre Kinder zu sehr. Und so fühlen Sie sich von den Kindern enttäuscht und von Ihrem Mann allein gelassen. Trotzdem: Denken Sie nicht so viel darüber nach. Alles wird die Zeit bringen."

Es ging ihr von Therapie zu Therapie immer besser. Ihre Großzehe war fast geheilt. Und sie hatte ihren Zehnnagel behalten. Die Vereiterung war verschwunden. So konnte sie jetzt auch andere Schuhe tragen. Hatte sie bislang nur lange Hosen getragen um ihre Füße in den ausgetretenen, fettverschmierten Schuhen zu verbergen, so konnte sie sich jetzt nach vielen Jahren des Schmerzes und der Schmach ein paar hübsche Schuhe kaufen. Und es machte ihr Spaß, bei ihrer schlanken Figur endlich auch mal wieder kurze Röcke anzuziehen. Sie fand sich wieder hübsch und liebenswert.

Sie braucht auch keine Handschuhe mehr, um ihre Hände zu verbergen. Denn sie waren mit einer neuen gesunden, rosigen Haut bedeckt. Sie hatte Freude daran, täglich im Geschäft mit ihren Händen etwas zu geben oder anzunehmen. Die Komplemente, die sie von nun an über ihr neues Aussehen hörte, stärkten ihr Selbstbewusstsein. In der elften Hypnose-Therapie ließ ich sie über eine taufrische, mit warmem, saftig grünen Gras bedeckten Wiese mit nackten Füßen laufen. Ich sagte ihr, dass sie die warme angenehme Feuchtigkeit im Gras an den Füßen spüren könnte. Und sie würde fühlen, wie diese angenehme, warme Feuchtigkeit in ihre Füße strömt. Wie wohl sich die Füße jetzt fühlen. Ich sagte ihr: „Gehen Sie jetzt durch das Gras, gehen Sie weiter zu der Bank, die da auf der Wiese steht und setzen Sie sich darauf. Jetzt halten Sie die Füße in die Sonne. Die warmen Sonnenstrahlen trocknen sie." Als ich das sagte, sah ich, wie ihre Füße sich unter der Decke leicht bewegten. Ansonsten blieb sie aber entspannt und ruhig liegen. Nach der Therapie sagte mir, zuvor hätten ihre Füße haben noch stark gejuckt, nun sei das vergangen.

Bei einem erneuten Termin stelle ich fest, dass die Risse in den Händen verheilt waren. Auch ihre Füße heilten immer besser ab und die Schuppen fielen von den Beinen. Alle betroffenen Hautstellen waren nun fast frei.

Selbst bei Kälte und Nässe brach von da an ihre Krankheit nicht wieder aus. Sie wurde immer stabiler. Sie war über den Berg und hatte den Glauben an sich gefunden.

Ich denke, dass das Unterbewusstsein genau weiß, wann es soweit ist, die eigentliche Ursache der körperlichen Beschwerden ins Bewusstsein zu senden. Bei Frau K. war es in der fünfzehnten Behandlung, und sie konnte in dieser Hypnose sehr tief entspannen. Nach dem Wecken bat ich sie wie immer, mir zu erzählen, wie die Sitzung gewesen war. Sie erzählte mir, sie hätte ein dunkles Bild gesehen, dunkle spitze Dinger, die aussahen wie Bäume. Und sie hätte den Mond über einer Wiese stehen sehen. Auf der Wiese waren Kühe und viele Kuhfladen. Sie berichtete weiter, es sei kein böses Bild, sondern ein schönes Bild gewesen. Wie ein Tunnel, und am Ende war der Mond. Nur die Dunkelheit machte ihr Angst.

Ich versuchte, für das, was sie in der Hypnose-Therapie erlebt hatte, eine Erklärung zu finden. Was wollte ihr Unterbewusstsein meiner Patientin mit diesen Bildern sagen? Während ich über die dunklen spitzen Dinger nachdachte, kam mir ein Gedanke: Ein Kinderbettchen mit Stäben! Ich fragte sie, ob sie sich an ein Kinderbettchen aus ihrer Kindheit erinnern könne. Ich weiß, dass das Unterbewusstsein nur ein Stichwort braucht und dann das Bild dazu ins Bewusstsein bringt.

Ich bat Frau K., noch einmal die Augen zu schließen und ruhig in sich hinein zu lauschen. Dann geschah es: Sie erinnerte sich daran, dass sie mit vier Jahren im Kinderheim gewesen war. Sie beschrieb mir die Bilder, die jetzt vor ihren Augen auftauchten. Sie sah sich im Kinderbettchen im eigenen Kot stehen und hielt sich an den Gitterstäben fest. Weiter sah sie durch die Gitterstäbe den Mond, der von draußen durch das Fenster schien. Der Mond faszinierte sie, aber sie fürchtete eben die Dunkelheit.

Ich bat sie dann wieder, die Augen zu öffnen und mir zu erzählen, was sie aus der Zeit als sie klein war, noch wusste. Und so berichtete sie, dass sie mit vier Jahren über einen längeren Zeitraum im Kinderheim gewesen war. Ihre Mutter musste damals ins Krankenhaus und hatte niemanden, der ihr Kind versorgte. Es war für sie schlimm gwesen, von

der Mutter getrennt zu werden. Sie weinte und schrie viel aus Sehnsucht nach ihr. Sie brauchte mit vier Jahren keine Windeln mehr, aber in dieser Stress-Situation machte sie wieder nachts ins Bett.
Die Nonnen, die dieses Heim leiteten, hatten kein Verständnis und keine Zeit für das Kind. Das Kind, das sich allein und einsam fühlte, machte sich in seiner Not und Angst ständig in die Hose. Frau K. erzählte weiter, dass sie von den Nonnen für das Bettnässen bestraft wurde, man sperrte sie in einen Schrank. In diesem Schrank gab es kein Licht und sie musste stundenlang darin ausharren.
Mir war klar, dass dieses Erlebnis einer der Auslöser für ihre spätere Erkrankung an Schuppenflechte war. Die Gefühle, die damals in dem vierjährigen Kind tobten, hatten sich tief ins Unterbewusstsein vergraben. Damals hatte sich niemand um das Kind und seine Ängste gekümmert. Es wurde nicht beruhigt und getröstet, wenn es vor Sehnsucht nach der Mutter weinte und schrie.
Dieses Kind bekam nur Strafe und Missachtung statt Liebe und Verständnis, was sehr wichtig gewesen wäre. Frau K. erzählte weiter, dass sie im späteren Leben nie mehr darüber nachgedacht hätte. Ihr sei nie ein Gedanke an diese Zeit gekommen. So tief war es im Unterbewusstsein vergraben worden.
Wir sprachen ausführlich über diese Zeit. Ich erklärte ihr, wie diese Gefühle tief in ihr Verkrampfungen auslösten und die Organe in ihrer gesunden Leistung behinderten. Frau K. erkannte jetzt, was Gefühle im Körper bewirken können und fühlte sich danach innerlich freier. Mit einer positiven Einstellung ging sie nach Hause.
Mit jeder Therapie ging es ihr besser. Sie erzählte mir von ihren Erfolgen in der Familie. Berichtete, dass sie sich nicht mehr alles gefallen ließe. Auch von ihren Kindern forderte sie jetzt mehr Leistung und sei glücklich darüber, dass ihr Leben, jetzt ruhiger und harmonischer verliefe.
In der sechzehnten Therapie-Sitzung kamen dann wieder Erlebnisse aus ihrer Vergangenheit hoch. Sie lag wie immer ruhig und entspannt auf der Liege und hörte auf meine Worte. Ich sprach: „Alles ist gut und nur das Beste verwirklicht sich in ihrem Leben. Sie sind wichtig und

haben sich das Glück verdient." Da wurde sie mit einem Mal unruhig, sehr unruhig. Ich bat sie die Augen zu öffnen und fragte sie nach dem Grund dafür.
Sie begann zu weinen und ich streichelte sie und forderte sie auf, alle Tränen heraus zu lassen. Sie schluchzte und unter Tränen brach dann aus ihr heraus, dass sie sich nichts Gutes und auch kein Glück wünschen könne, denn das sei sie nicht wert. Schon als Kind war sie von allen gehänselt worden. Sie wurde dick, faul und gefräßig genannt. Sie wäre es nicht wert, das sie in ihrem Leben Glück hätte.
Ich ließ sie sich erst einmal ausweinen und saß still daneben. Als sie sich wieder beruhigt hatte, fing ich damit an, ihre ihre vielen guten Vorzüge aufzuzählen. Ich sagte ihr, was sie schon alles im Leben geleistet hätte und wie gut sie das gemacht hätte. Ich wies sie auch daraufhin, dass sie doch auch ihre zwei Kinder mit Liebe und Geduld groß gezogen habe. Das allein ist schon Achtung und Anerkennung wert.
Ich fuhr fort: „Sie stehen außerdem täglich Ihrem Mann im Geschäft zur Seite und das Unternehmen läuft gut. Das ist ein Beweis für ihren Fleiß und Klugheit.
Wissen sie eigentlich, wie wichtig Sie für ihren Mann sind? Für Ihre Kinder? Wie wichtig sie auch für die Menschen sind, die täglich in ihr Geschäft kommen. Die nicht nur kommen, um etwas zu kaufen, sondern einfach auch, weil sie da sind und ihnen mit Ihrer Ausstrahlung Freude geben."
Sie ging nach dieser Therapiestunde besonders motiviert nach Hause. Als sie während der nächsten Hypnose-Therapie in tiefer Entspannung war, fühlte sie sich so leicht und hatte das Gefühl, über der Liege, auf der sie lag, zu schweben. Sie sah dann eine graue Wand und darin war ein Spalt. Durch diesen Spalt zwängte sie sich hindurch. Auf der anderen Seite war eine wunderschöne und mit Blumen übersäte Wiese. Auf dieser Wiese sah sie sich in einem weiten, wunderschönen, luftigen, leichten Kleid. In den früheren Hypnosen hatte sie sich immer nur in einem langen grauen Nachthemd gesehen.

Ich sagte zu ihr: „Dieses wunderschöne Kleid ist Ihre neue Haut!" Sie strahlte mich an und verließ meine Praxis mit einem glücklichen Lächeln im Gesicht.

In der achtzehnten Hypnose sah sie sich direkt auf der Wiese. Sie brauchte durch keinen Mauerspalt mehr zu gehen. Es war überhaupt keine Mauer mehr da. Die Wiese war sauber, saftig-grün und es waren keine Kuhfladen mehr da, die die Wiese verschmutzten. Sie trug ein weites blaues Kleid mit weißen Pünktchen. Auf dem Kopf hatte sie einen großen Strohhut. Sie sah sich selbst, wie in jungen Jahren ausgesehen hatte, mit langem Haar. Sie lief barfuß auf einem Weg, der durch die Wiese führte. Sie konnte auf diesem Weg ohne Schuhe laufen und hatte trotzdem keine Schmerzen.

Auch in den nächsten Therapien sah sie sich auf der Wiese mit vielen bunten Blumen, die ihr zum Teil unbekannt waren.

Zur zweiundzwanzigsten Therapie erschien sie strahlend und glücklich. Die Schuppen an den Füßen waren von gestern auf heute abgefallen. Sie berichtete mir: „Ich hatte das Gefühl, die Schuppen wollten weg von mir. Es juckte sehr stark, bis alle Schuppen abgefallen waren. Obwohl draußen eine Temperatur von 15 Grad herrscht, habe ich keine Beschwerden mehr."

In der vorletzten Therapie hatte ich die Reinigung des Körpers angesprochen. Ich sagte: Liebe Frau K., Ihr Körper reinigt sich selbst. Alle Schlacken werden jetzt vom Körper ausgeschieden." Später erzählte sie mir, sie hätte danach zwei Tage lang Durchfall gehabt und der Stuhl war schwarz wie Teer gewesen. Danach seien die Schuppen fort gewesen und sie könne wieder gut laufen.

Jetzt ging es weiter bergauf. Sie kam zur dreiundzwanzigsten Therapie. Als sie wieder tief entspannt auf der Liege lag, sage ich zu ihr: „Lauschen Sie tief in sich hinein und achten Sie auf alles, was Ihr Unterbewusstsein in Ihr Bewusstsein sendet." Nach der Therapie erzählte sie mir: „Als ich in mich hineinlauschte, da erschienen im Hintergrund schwarze und weiße Kristalle. Diese Kristalle sahen aus wie Korallen. Dann sah ich mich wieder über die Wiese laufen, ganz nackt und ohne

Kleider. Ich fühlte mich sehr wohl dabei, gesund und voller Zuversicht."
Ich erklärte ihr, dass ihr diese Nacktheit zeigen will, dass sie nichts mehr zu verstecken hätte und dass ihr Körper wieder in Harmonie und Gleichgewicht sei. Ihre Krankheit war wie ein graues Kleid, es verwandelte sich dann in ein weißes Kleid mit blauen Punkten und nun ist war frei von allen Schuppen. Sie brauchte einfach nichts mehr zu verbergen.
Als sie zur nächsten Therapie kam, berichtete sie mir freudig, dass sie in der Glücksspirale einen größeren Betrag gewonnen hätte und es sei das erste Mal in ihrem Leben, dass sie etwas gewonnen hätte.
Die Bilder, die ihr in den folgenden Hypnosen erschienen, wurden immer harmonischer, sobald sie entspannt und ruhig auf der Liege lag. Als ich zu ihr sagte „Horchen sie jetzt in sich hinein und achten auf die Bilder die jetzt kommen." Sah sie einen blauen See mit ganz klarem Wasser. Dieser See war mit Seerosen bedeckt. Wunderschöne große Blüten in orange, blau, rosa und rot. Sie fühlte sich ruhig und wohl dabei. Als sie nach dieser Therapie nach Hause ging, fühlte sie sich ruhig und selbstbewusst. Sie dachte mit Gelassenheit an ihre Zukunft. Ohne Sorgen, ohne Ängste. In ihr waren fröhliche Gedanken.
In der sechsundzwanzigsten Therapie geschah es dann. Wieder schickte ihr das Unterbewusstsein Erlebnisse nach oben, die tief in ihr verborgen gewesen waren. Als ich sie bat, in sich hinein zu horchen, sah sie einen Teich mit Enten und fühlte gleichzeitig Panik. Ängste stiegen in ihr hoch. Ich sah die Unruhe in ihr und bat sie, die Augen zu öffnen und mir zu sagen was sie so beunruhigte. Sie erzählte mir von den Bildern, die in ihr aufgestiegen waren:
"Ich gehe einen Berg hinauf und als ich oben ankomme, sehe ich vor mir einen steilen tiefen Abgrund. Eine Unruhe macht sich in mir breit und ich habe Panik und große Ängste, den Abhang hinunter zu stürzen." Während wir diese Bilder analysieren, wird ihr wieder bewusst, dass sie als Sechsjährige mit ihrer Schwester an einem Weiher gespielt hatte. Sie saßen an einem Hang oberhalb des Gewässers und dann begann Frau K. den Halt zu verlieren und hinunterzurutschen. In ihrer

Angst hielt sie sich an der Schwester fest, so dass beide die Anhöhe hinunterrutschten und im zwei Meter tiefen Weiher landeten. Die beiden Mädchen konnten noch nicht schwimmen. Sie schrien um ihr Leben. Zum Glück war ein junges Ehepaar, das in einem Kahn auf dem Weiher ruderte, unmittelbar in ihrer Nähe. Sie kamen den Kindern zu Hilfe und zogen sie aus dem Wasser raus.

Bis auf die Haut durchnässt, brachte man sie an Land. Die Kinder trauten sich nass nicht nach Hause, weil sie wussten, dass ihnen dort Prügel drohte. Also blieben sie so lange, bis ihre Kleider getrocknet waren, und gingen dann nach Hause, ohne den Eltern etwas zu sagen. Diese Todes-Ängste, die sie und ihre Schwester als kleine Kinder erleben mussten, waren also zum schrecklichen Geheimnis geworden, so wurde das Ereignis von den Kindern verdrängt und tief im Unterbewusstsein vergraben. Erst durch die Hypnose-Therapie, kam die Vergangenheit wieder hoch und wurde ihr bewusst.

Wir sprachen ausführlich über diesen Unfall von damals. Ich sagte ihr, dass diese schrecklichen Erlebnisse, die sie jahrelang belastet hatten, auch mit ein Auslöser für ihre Erkrankung sein könnten und es gut wäre, wenn sie das alles nun in der Hypnose-Therapie verarbeiten könne.

Frau K. war jetzt bereit, all die schrecklichen Erlebnisse, die sie im Leben mit Erfolg verdrängt hatte und die ihr aber fast die Gesundheit gekostet hätten, neu zu betrachten und zu verarbeiten. Von Therapie zu Therapie kamen neue Bilder und Gefühle in ihr hoch. Es war, als würde sich ein Kämmerlein nach dem anderen endlich öffnen. Und nach jeder Therapie fühlte sie sich freier und leichter. In der neunundzwanzigsten Sitzung sah sie sich in einem Zug sitzen und damit auf einen engen dunklen Tunnel zufahren. Angstgefühle und Panik kamen in ihr hoch, aber sie blieb ruhig. Sie fuhr ganz schnell hindurch, und danach wurde es strahlend hell.

Im anschließenden Gespräch kamen ihr wieder Erlebnisse ins Gedächtnis und sie erzählte mir davon, dass sie von der Mutter und dem Stiefvater in einen dunklen Schrank gesperrt wurde, wenn diese sich

liebten. Immer wieder spielte bei ihr Dunkelheit und Alleinsein eine große Rolle.
Als kleines Kind bedeuteten Dunkelheit und Alleinsein für sie natürlich Angst und Panik. Dabei kam es zu den Angstgefühlen. Die Angst kroch förmlich in ihr hoch Und sie verließ sie nie. Auch in ihrem späteren Leben, wenn sie sich nicht geliebt oder allein gelassen fühlte, kamen diese Angstgefühle in ihr hoch.
Diese Angstgefühle schwächten ihr Immunsystem so, dass es seinen normalen Aufgaben nicht mehr richtig nachkommen konnte. Das wirkte sich auf ihre Haut aus. Im Laufe der Therapie fühlte sich Frau K. zunehmend besser und ihr Vertrauen in sich selbst wurde von Tag zu Tag stärker.
In der einunddreißigsten Therapiestunde kamen erneut Bilder aus der Kindheit hoch. Ich forderte sie wieder auf, in sich hinein zu lauschen und sie berichtete mir, dass sie eine ihr unbekannte Kirche vor sich habe. Sie vermutete, dass diese in Prag oder St. Petersburg stand. Sie war aufgeregt denn es war dunkeln darin. Doch dann sah sie das Gotteshaus plötzlich von außen. Nun war es hell um sie herum. Sie wollte in die dunkle Kirche hinein gehen.
Nachdem sie mir alles erzählt hatte, bat ich sie, es noch einmal zu versuchen. Ich sprach: „Schließen Sie die Augen und lassen Sie sich in die Entspannung gleiten. Gehen Sie jetzt als Zuschauerin in die Vergangenheit." Anschließend ließ ich sie mir schildern, was sie gesehen hatte. Durch die Bilder hatte sie starkes Herzklopfen bekommen, weswegen wir noch einmal unterbrachen.. Doch dann wurde sie endlich ruhig und kehrte gedanklich in ihre früheste Kindheit zurück.
Mit einem Mal begann sie zu weinen. Behutsam bat ich sie, mir davon zu erzählen. Ihre Stimme zitterte, als sie zu sprechen begann: „Ich sehe mich selbst als vielleicht Zwei-Jährige. Ich werde verprügelt, weiß aber nicht warum. Ich sehe, dass ich weine. Wieder werde ich geschlagen und von meinem Stiefvater in den dunklen Schrank gesperrt." Wir sprechen noch eine Weile über die Erlebnisse die sie in den vorherigen Therapiestunden hatte. Über ihren Stiefvater, der sie ja jedes Mal, wenn er mit ihrer Mutter schlief, in den Schrank gesperrt hatte.

Trotz aller dieser Erlebnisse in der Therapie war sie von einer erstaunlichen Gelassenheit und Ruhe. Sie wollte gerne diese alten Gefühle loswerden. Sie spürte selbst, wie sie sich nach jeder Therapie tief innerlich freier und sicherer fühlt. Sie sagte, dass in ihrem Magen ein Gefühl sei, das sie zum Lachen reize. Ich forderte sie spontan auf zu lachen und sie lachte und lachte. Ihr Lachen steckte mich an und so lachten wir beide, bis uns die Tränen kamen. Sie ging nach Hause und an ihrem Gang sah ich, wie leicht und fröhlich jeder Schritt von ihr war. Es machte mir große Freude, ihr nach zu schauen.

In der zweiunddreißigsten Therapiestunde bat sie mich, sie wieder in die Kindheit zurückzuführen. Ein weiteres Mal lag sie entspannt und ruhig auf der Liege und ich machte mit ihr eine Reise in die Vergangenheit, in ihre Kindheit, während der ganzen Zeit blieb sie ruhig und entspannt.

Ich bat sie erneut, mir ihre Bilder und Erlebnisse zu beschreiben. Sie erzählt nun von einer schönen Erinnerung: „Ich sehe mich im Alter von vier Jahren. Ich stehe zuhause im Kinderbettchen, meine Mutter beugt sich über mich, küsst mich zärtlich und hebt mich aus dem Bettchen. Es ist ein wunderschönes Gefühl. Im Zimmer ist auch meine jüngere Schwester, die auf dem Töpfchen sitzt.

Dann sehe ich mich wieder im Zug sitzen. Wir fahren auf einen Tunnel zu. Aber dieses Mal ist der Tunnel hell und während der ganzen Fahrt hindurch blieb es auch so. Ich sehe wunderschöne Farben, die wie ein Regenbogen ineinander laufen. Gold – orange – blau – rot. Ich schwebe darüber und fühle mich leicht dabei. In mir sind nur noch Gefühle von Freude, Zuversicht, und ein tiefer, starker Glaube an eine an eine schöne Zukunft."

Es ist erst einmal für fünf Wochen die letzte Therapiestunde. Denn anschließend gehe ich in den Urlaub und wir sehen uns fünf Wochen nicht. Als sie dann zur dreiunddreißigsten Sitzung kommt, staune ich nicht schlecht, als ich meine Patientin vor mir stehen sehe. Sie sieht einfach nur toll aus! Ihre gesunden Füße fühlen sich in den neuen modernen Sandaletten sichtbar wohl. Sie trägt einen kurzen Rock, der ihre schlanke Figur noch mehr zur Geltung bringt. Es geht ihr sehr gut

und das strahlt sie auch aus. Dann berichtet sie mir, dass sie während meines Urlaubs, plötzlich an den Schienbeinen wieder Schuppenflechte bekommen hatte.
Sie dachte darüber nach und fragte sich: Warum bekomme ich jetzt wieder Schuppenflechte? Und da fiel es ihr wie Schuppen von den Augen. Sie fühlte sich von mir allein gelassen, das war der Grund. Als sie das erkannte, hörte sie sich ein paar Mal meine Kassette an, auf der ich eine Therapiestunde für zuhause besprochen hatte. Nach ein paar Mal Kassette hören verschwanden die Rötungen. Sie sagte sich immer wieder vor, dass sie nicht allein sei, dass sie niemals allein sein würde. Alle schrecklichen Erlebnisse, die von Kindheit an tief in ihr vergraben gewesen waren und ihr das Leben oft zur Hölle machten, konnten ihr nun, da sie verarbeitet waren nicht mehr schaden. Ihr Körper konnte sich wieder regenerieren. Ihr Blutkreislauf konnte wieder ungehindert jede Körperzelle mit Sauerstoff und Nahrung versorgen. Aller Abfall und die Schlacken aus den Körperzellen konnten mühelos vom Körper ausgeschieden werden.
Sie blühte auf, wurde sicherer und mit jedem Tag selbstbewusster. Es fiel ihr zwar noch etwas schwer, sich persönliches Glück vorzustellen. Weil dann das Gefühl kam, dass sie kein Glück verdient hätte. Immerhin war sie aber jetzt davon überzeugt, dass sie es sich wenigstens wünschen durfte. Ich sagte zu ihr: „Alles braucht seine Zeit. Rom ist auch nicht an einem Tag erbaut worden." Sie lachte und erwiderte, diese Ruhe und Gelassenheit, die sie jetzt immer und überall in sich spüre, würden es ihr leicht machen, sich mit der Zeit nicht nur Glück für sich zu wünschen, sondern es sich auch ganz konkret in ihrem Leben vorzustellen.
Frau K. ist seitdem beschwerdefrei geblieben. Sie nimmt ihr Leben jetzt selbst in die Hand und lässt sich von keinem mehr sagen, was sie tun und lassen darf. Die Gefühle der Unsicherheit, ihre Ängste, ihr fehlendes Selbstvertrauen, und die Sorge, nicht gut genug zu sein für diese Welt, nicht klug genug/ nichts wert oder nicht hübsch genug zu sein, alle diese Gefühle sind verschwunden. Sie hat erkannt, dass sie sie nicht mehr benötigt und hat sich von ihnen getrennt.

Sie hat von ihrem Recht Gebrauch gemacht, glücklich und gesund zu sein, erfolgreich in allem, was sie sich vornimmt. Sie ist stark geworden. Eine Frau, die ihren Weg geht und genau weiß, dass sie jedes Ziel erreicht, das sie sich steckt. Eine Frau voller positiver Gefühle. Für ihre Mitmenschen ist sie zu einer Bereicherung geworden und kann durch ihre Erfahrungen vielen helfen.

Es war ein schwerer, ein sehr schwerer Fall und ich wusste am Anfang nicht, worauf ich mich da einlasse. Aber heute weiß ich, dass jede Seele, die brennt, nur darauf wartet, dass ihr jemand hilft das ursächliche Feuer zu löschen.

Zehn Jahre später bekam ich einen Brief von Frau K., der mich sehr berührte:

„Liebe Angelika ich dachte, schreib einmal der Angelika. Vielleicht freut sie sich, endlich etwas von mir zu hören. Mir geht es dank dir fantastisch. Ich kann nur sagen „Danke für deine Mühe und deine Arbeit die du dir gemacht hast mit mir!" Natürlich machst du das sicher mit jedem deiner Patienten. Aber bestimmt hat nicht jeder Schuppenflechte so wie ich. Wir haben lange gekämpft, aber wir haben gewonnen. Ich habe bis heute keinen, noch nicht einmal einen kleinen Schub bekommen. Vielen, vielen Dank Angelika für deine ganzen tollen Kassetten und Heilhypnose, und und und…

Stell dir nur vor, ich hätte Cortison all die Jahre bekommen. Wie krank ich heute wäre! Es ist schon 10 Jahre her. Vielen, vielen Dank! Ich bin glücklich weil ich gesund bin.

Deine Petra

Für mich ist mein Beruf meine Berufung und diese Worte gaben mir die Kraft weiter zu machen.

Ich lebte als Mann im Jahre 1734

Gibt es ein früheres Leben? Das ist die Frage, die wir uns seit Menschengedenken immer wieder stellen. Ja, und wir wüssten doch so gerne, was nach unserem Tod mit uns geschieht. Geht das Leben danach weiter? Bleiben wir dort oder kommen wir wieder in diese unsere Welt zurück? Oder geschieht gar nichts und wir tauchen ein in ein Nichts und lösen uns auf, wie Nebel in der Sonne, so als hätte es uns nie gegeben?
Natürlich wäre es schöner, die Gewissheit zu haben, dass es ein Leben nach dem Tod gibt. Es würde uns das Sterben erleichtern, denn wir wüssten ja, dass wir durch ein Tor in eine parallele Welt gehen und unter besonderen Umständen wieder zurückkommen, vielleicht um einen Fehler zu berichten. Oder um noch etwas zu lernen. Doch hätten wir die Gewissheit, dass der Tod nicht endgültig ist, würden wir uns dann die Mühe machen zu lernen? Würden wir nicht alle nur ein schönes Leben leben und dann, wenn wir hier keine Lust mehr hätten, zurück in die andere Welt gehen? Es gibt einen Sinn, einen Grund, aus dem warum wir hier sind und wir sind verantwortlich für unser Leben. Nur fällt es den meisten Menschen schwer, das zu erkennen.
Ich habe während meiner Praxistätigkeit viel erlebt und vor allem habe ich gelernt, dass nichts unmöglich ist. Ich glaube an ein Leben nach dem Tod. Denn wir bestehen aus Energie. Und Energie ist und wird immer da sein in uns und um uns. Wo immer es auch sein mag – hier in unserer Welt oder in der parallelen Welt.
Da ich tief in mir überzeugt war, dass wir, nachdem wir sterben, und von dieser Welt gehen, weiter existieren – in welcher Form auch immer – nahm ich auch die Wünsche meiner Patienten ernst und war stets bereit, alles was möglich war zu tun, um ihnen zu helfen. So auch in diesem besonderen Fall von Martina:

Martina kam mit dem Wunsch in meine Praxis, in ein früheres Leben zurückgeführt zu werden. Sie sagte mir, sie hätte das Gefühl, schon einmal gelebt zu haben. Nun wollte sie es genau wissen, und bat mich, sie mit der Heilhypnose in ein früheres Leben zurück zu führen.

Ich hatte über meinen Berufsverband der Heilpraktiker auch eine Ausbildung über die Rückführung in frühere Leben gemacht. Und ich war mir der Verantwortung bewusst, und auch, mit welcher Behutsamkeit ich diese Therapie durchführen musste.

Doch bevor ich diese Reise in ein früheres Leben mit Martina antrat, musste ich mehr über sie wissen.

Ich bat ich sie, mir aus ihrem Leben zu erzählen.

Und das tat sie, dabei sprach sie auch von ihrer schweren Kindheit. Sie war die zweite von vier Geschwistern. Es war eine kalte gefühllose Welt, in der sie aufgewachsen war. Das Wort Liebe wurde nie genannt. Und noch viel weniger wurde Liebe in der Familie praktiziert. Geborgenheit, Anerkennung und Lob waren für sie Fremdwörter. Ihr fehlte das Vertrauen zu sich selbst, aber auch in das Leben. Da sie in der Kindheit nie gelobt oder belohnt worden war, entwickelte sie sich als Erwachsene zu einem Aschenputtel. Jemand, der stets brav gehorchte und das tat, was man von ihm verlangte. Von Kindheit an war sie es nicht gewöhnt, etwas für sich einzufordern. Sie wusste nicht, wie man das tat, weil man es ihr nie erlaubt hatte.

In ihrem bisherigen Leben fühlte sie sich nicht ausgefüllt. In ihr spürte sie eine Leere und sehnte sich nach Antworten auf die sie ständig quälenden Fragen. Martina war eine gute Ehefrau und fürsorgliche Mutter. Ihre Kinder liebte sie über alles. Für Martina stand fest, dass sie nicht die gleichen Fehler machen wollte wie ihre Mutter. Was ihr in der Kindheit sehr wehgetan hatte, sollten ihren Kindern erspart bleiben. Mit Liebe, Lob und Anerkennung wuchsen ihr Sohn und ihre Tochter zu selbstbewussten Menschen heran.

Während Martina mir aus ihrem Leben erzählte, notierte ich mir alles und beobachtete sie dabei. Während sie sprach wurde sie immer lockerer und offener. Es war so, als würde sich langsam ein Sonnenstrahl den Weg durch die dunklen Wolken bahnen und hervorscheinen. Ich sah ihr an, wie befreiend es für sie war, endlich über all das Belastende aus ihrem Leben zu erzählen und sich davon zu befreien. Für mich stand sofort fest, dass ich dieser jungen Frau helfen wollte und ich erklärte mich bereit, Martina ihren Wunsch zu erfüllen. Ich holte mir die Erlaubnis, sie während der Hypnose-Therapie duzen zu dürfen. Dann sahen wir uns beide lächelnd an und waren gespannt auf das, was uns erwarten würde.

Ich erkläre Martina, dass wir erst einmal zwei bis drei Tiefen-Entspannungen durchführen würden, um ihr Unterbewusstsein zu erreichen. führen wir. Wenn ich dann sehen würde, dass sie tief entspannt wäre, würde ich anfangen, sie langsam in ihre Kindheit zurückzuführen. Würde es ihr während der Hypnose-Therapie unangenehm werden, könnte ich sofort reagieren und sie wieder in die Gegenwart zurückholen.

Martina war einverstanden und wir vereinbarten den ersten Termin gleich für den nächsten Tag.

Am nächsten Tag erscheint Martina fröhlich in meiner Praxis, sie ist sichtlich gespannt auf die Hypnose. Nach dem sie sich auf die Couch gelegt hat und ich sie mit einem leichten sommerlichen Tuch zugedeckt habe, rate ich ihr, wenn sie etwas stören sollte, einfach die linke Hand zu heben, damit wir darüber sprechen könnten. Ich lege meine rechte Hand leicht auf Martinas linke Schulter und schaffe so eine beruhigende Atmosphäre. Dann beginne ich, ruhig und langsam zu sprechen. Im Hintergrund spielt leise Musik. Meine ruhigen Worte und meine warme Hand auf ihrer Schulter beruhigen Martina und sie entspannt sich.

Ich sehe an ihrem Gesicht, das sich mehr und mehr glättet, dass ihr meine Worte gut tun. So rede ich eine halbe Stunde lang und bringe sie tiefer und tiefer in die Entspannung. Danach führe ich Martina wieder zurück in den Raum. Es dauert eine Zeit, bis sie ihre Augen öffnen kann und mich strahlend ansieht. Es hat ihr so gut getan. Sie hat anfangs auf meine Worte gehört und dann hörte sie mich nicht mehr bewusst, erzählt sie mir. Sie hatte das Gefühl, geschlafen zu haben und wurde leider durch meine Weckformel wieder in die Gegenwart gerufen.

Das war ein guter Start für unser Vorhaben und wir vereinbarten eine zweite Tiefenentspannung. Auch diese Hypnose-Therapie war ein Erfolg. Martina hörte mich nach ein paar Sätzen nicht mehr bewusst. Aber sie fühlte sich nach jeder Therapie innerlich frei und voller Energie.

Dann kam der Tag der Rückführung. Martina kam in die Praxis und schien nervös zu sein. Ich konnte sie verstehen. Denn keiner von uns beiden konnte wissen, wie das am Ende ausgehen würde. Ich beruhigte Martina und sagte ihr, dass wir jederzeit aufhören könnten, wenn ich eine Unruhe bei ihr sehen würde und wir die Therapie sofort unterbrechen könnten. Ihr Vertrauen zu mir war sehr groß.

Ich erklärte Martina den Ablauf. „Ich werde dich Jahr für Jahr zurückführen, und wenn du Bilder siehst, gibst du mir ein Zeichen. Bewege nur den Finger und ich frage dich dann, was du siehst und schreibe alles auf. Ist das in Ordnung für dich?"

Martina nickte und legte sich auf die Couch. Ich deckte sie mit einer Decke leicht zu. Im Hintergrund spielte leise Musik. Ich legte meine rechte Hand auf ihre linke Schulter, um eine Verbindung zwischen uns herzustellen.

Dann begann ich zu sprechen:

„Martina, meine Hand liegt auf deiner Schulter und von meiner Hand geht eine Ruhe aus. Diese Ruhe strömt in dich ein. Du wirst innerlich ruhiger, immer ruhiger. Alles um dich herum wird bedeutungslos. Du genießt die Ruhe und lässt dich in diese Ruhe hineintragen. Tiefer und immer tiefer gleitest du in diese wunderbare Ruhe. Und jetzt, Martina, stell dir vor, du sitzt gemütlich zuhause auf der Couch. Dein Fernsehen ist an. Du schaust auf deinen großen Bildschirm und darauf läuft jetzt vor dir dein Leben ab. Du siehst, wie du jünger und jünger wirst. Immer jünger. Wenn du Bilder siehst, Martina, dann erzähl mir davon."

Martina hob leicht den Finger und ich fragte sie: „Kannst du etwas sehen? Und wenn, was siehst du gerade?" Es vergingen Sekunden und dann fing Martina an zu sprechen. Sie erzählte langsam und stockend:

„Ich sehe mich. Ich bin acht Jahre alt und es ist Weihnachten. Ich sehe meinen Bruder, er bekam eine Eisenbahn zu Weihnachten geschenkt. Ich habe eine Puppe bekommen. Mama und Papa stehen im Weihnachtszimmer, aber es ist eine komische Situation, gar nicht wie an Weihnachten."
Ich frage Martina, ob es einen geschmückten Tannenbaum gibt. Martina bleibt stumm, doch nach einer Pause spricht sie weiter. „Ich sehe einen Tannenzweig in einem Eimer und daran hängen ein paar bunte Kugeln und fünf Kerzen brennen. Wir haben kein Geld, um einen Tannenbaum zu kaufen." Ich frage weiter: „Martina, siehst du dich? Und kannst du mir erzählen, wie du aussiehst und was du an hast?" Martina antwortet: „Ja, ich habe ein Kleid an, ein dunkelrotes Kleid. Ich habe mittelbraune lange Haare und trage das Haar offen. Mein Bruder steht neben mir und spielt mit seiner Eisenbahn. Ich halte meine schöne Puppe fest im Arm. Aber mein Bruder zieht an den Haaren meiner Puppe und macht sie kaputt. Mein Vater schimpft mit meinem Bruder und ich weine und weine."
Martina wird still. Ich beruhige sie, streichle über ihre Schulter und sage: "Es ist alles gut Martina. Der Film vor dir läuft weiter ab und du siehst, wie du noch jünger und jünger wirst. Wenn du Bilder siehst, dann sag mir Bescheid." Wieder meldet sich der Finger, er kommt ganz sacht hoch und ich frage Martina, was sie sieht. Sie antwortet: „Ich bin drei Jahre alt und habe Geburtstag. Ich sitze ganz allein an einem Tisch. Eine Katze miaut so, als würde sie weinen. Aber ich freue mich, weil ich nicht alleine bin. Vater und Mutter sind nicht da. Ich weiß nicht, wo sie sind. Ich sitze am Tisch und eine Kerze brennt. Der Kerzenschein erfreut mich. Der Raum sieht wie eine Küche aus mit einem hellbraunen alten Tisch. Es ist keine Tischdecke darauf und dahinter an der Wand steht ein Schrank. Er sieht wie ein Küchenschrank aus. In der Nähe vom Tisch steht ein Sofa. Der Raum ist kalt und leer." Ich frage, ob sie Geschenke hätte. Sie antwortet: „Nein, ich sehe keine Geschenke und es kümmert sich auch keiner um mich. Die lassen mich hier allein mit einer weinenden Katze und einer brennenden Kerze."

Martina sagt nichts mehr, ich sehe, wie ihr ganzer Körper vor Weinen zuckt. Emotionen kommen hoch, eine traurige Erinnerung. Ich streichle sie und motiviere sie: „Martina, es ist alles gut, du siehst nur einen Film von deinem Leben ablaufen aber das ist alles lange vorbei. Alles ist gut. Wenn du möchtest, gehen wir weiter." Martina wirkt wieder ruhig und sie entspannt sich immer mehr. Das ist für mich das Zeichen: ich gehe mit ihr weiter in die Kindheit zurück. Da kommt wieder der Finger hoch und ich frage sie, was sie gerade sieht.

„Ich sehe meine Geburt", sagt Martina aufgeregt. „Ich sehe Leute in einem Raum. Alle reden durcheinander. Es ist meine Geburt. Der Geburtsraum ist ein kalter komischer Raum. Ich sehe meine Mutter in einem Bett liegen, aber sie liegt quer im Bett. Die Füße von meiner Mama hängen ein Stückchen raus. Es ist ein altes Bett, mit einem hohen Fußende. Meine Mama muss quer im Bett liegen, damit die Hebamme an mich ran kommt. Ich sehe mein Köpfchen kommen. Jemand zieht an meinem Köpfchen. Ich rutsche raus und bin da. Man haut mir einen Klaps auf den Po. Ich schreie. Meine Mama lacht und freut sich. Da wird mir die Nabelschnur durchgeschnitten.

Meine Mama nimmt mich in den Arm und streichelt mir die Wange. Jetzt kommt jemand, nimmt mich auf den Arm und trägt mich weg. Ich werde auf ein weißes Kissen gelegt. Ein Tuch ist auf dem Kissen. Man trocknet mich jetzt ab. Jemand horcht mich ab und sagt: sie ist klein und zierlich, aber ansonsten okay. Ich werde jetzt gebadet, man zieht mir einen rosafarbenen Strampelanzug an und legt mich der Mama in den Arm. Mein Vater kommt dazu und sagt: ‚jetzt hast du deine zwei Kinder. Hoffentlich kriegen wir sie groß.' Wir sind sehr arm und wohnen in einer Einzimmer-Wohnung. Der Raum ist groß und kalt. Es ist keine Liebe darin, nur Kälte." Jetzt kommen wieder Emotionen bei Martina hoch. Sie weint so heftig, dass ich nah dran bin, die Therapie abzubrechen. Aber dann spricht Martina weiter:: „Mama drückt mich und sagt ‚das schaffen wir schon'. Da ist auch mein großer Bruder und streichelt meinen Arm."

Ich beruhige Martina, was mir auch gelingt. Wir gehen weiter zurück. Es ist das Jahr 1900. Martina berichtet mir von wunderschönen Farben, die sie sieht. Rosa-lila-blau-und grün. Martina sieht weiße Wolken und die Farben laufen darin ineinander. Wie ein Blütenteppich sieht es aus. Man sieht Martina im Gesicht dieses wunderschöne Erlebnis deutlich an. Ihre Wangen sind ganz entspannt. Ihr Gesicht ist so zart und sie sieht wunderschön aus.

Martina wird wieder ruhig und wir gehen weiter zurück. Jetzt sind wir im 19. Jahrhundert und ich frage sie, ob sie etwas sieht. Doch sie verneint. Es ist alles dunkel.

Wir gehen weiter zurück in die Zeit um 1700 Hundert. Wieder frage ich danach, welche Bilder sie vor sich hat. Zunächst ist auch hier alles dunkel. Doch nach einiger Zeit kommen langsam Bilder hoch. Ich frage Martina, in welchen Jahr sie ist Sie nennt das Jahr 1734. Wieder frage ich, ob sie etwas sehen kann und bitte sie, mir davon zu berichten. Es dauert ein paar Sekunden aber dann kommt Martina in Fahrt und ich spüre, dass sie auf positive Weise aufgeregt ist. Sie erzählt: „Ich sehe einen mittelgroßen dunklen Raum, darin einen Schreibtisch und an diesem Schreibtisch sitzt ein Mann. Er schreibt etwas auf. Er ist dunkel gekleidet. Er sieht vornehm aus. Das Fenster im Raum besteht aus kleinen Scheiben. Es ist weit geöffnet. Der Mann am Schreibtisch lehnt sich zurück in seinem Schaukelstuhl und schreibt weiter. Jetzt steht er auf und geht zum geöffneten Fenster. Es ist ein großer stattlicher Mann und strahlt Selbstbewusstsein aus. Er steht am geöffneten Fenster und schaut auf die Straße hinunter. Auf der Straße ist ein buntes Treiben, so als wenn Jahrmarkt wäre. Der Mann winkt einer Frau auf der Straße zu und die Frau winkt zurück. Sie scheinen beide sehr glücklich zu sein. Der Mann geht wieder zurück an seinen Schreibtisch und schreibt weiter."

Plötzlich verfällt Martina in die Ich-Form und sagt: Ich schreibe ein Gedicht." Ich frage: „Martina bist du ein Dichter?" Sie antwortet: „Ja, ich bin ein Dichter und schreibe ein Gedicht für meine Frau, der ich eben gewunken habe. Ich heiße Karl und meine Frau heißt Josefine. Mein Nachname ist Brecht, ich heiße Karl Brecht und ich wohne in

Karlsbach." Ich fragenach, ob sie Kinder hat, wie alt sie ist und ob sie mir den Raum beschreiben kann, in dem sie sich befindet. Martina antwortet: „Ja, ich habe Kinder. Einen Jungen von fünf Jahren und ein Mädchen im Alter von drei Jahren. Ich bin 35 Jahre alt. Ich bin in einem kleinen Raum unter dem Dach. Ein dunkler massiver Schrank steht in der Ecke. Auf dem Schreibtisch steht ein Tintenfass mit einer Feder darin. Ich fühle mich wohl in diesem Raum. Es ist Tag, es muss Mittagszeit sein. Die Sonne scheint. Meine Frau ist pummelig, hat braune Locken, ein schönes Lächeln und wunderschöne blaue Augen, die leuchten wie zwei Sterne. Ich habe eine wunderschöne Frau und bin sehr glücklich."

Wieder frage ich nach weiteren Details und Martina fährt fort: „Meine Frau hat ein blaues Kleid an mit einer weißen Schürze. Auf dem Kopf trägt sie eine schwarze Kappe, die mit Bändern gebunden ist, und unter ihrer Kappe fallen die braunen Locken bis auf die Schulter. Vor mir sehe ich, was ich geschrieben habe: ‚In Liebe für Josefine.'" Dann verstummt sie und sagt schließlich, nun könne sie nichts mehr sehen, es sie wieder dunkel geworden.

Ich spüre, wie anstrengend dass doch für Martina sein muss und finde, dass es für dieses Mal genug sein sollte. Ich beginne damit, die Sitzung zu beenden. Langsam kehrt Martina wieder in die Gegenwart zurück. Es dauert eine Weile bis sie die Augen öffnet und mich fragend anschaut. Wir hatten beide nicht mit so einem Ergebnis gerechnet.

Ich frage Martina, ob es für sie unangenehm sei, einmal als Mann gelebt zu haben „Eigentlich nicht", sagt sie, „ich habe mich oft im Leben wie ein Mann gefühlt und nicht gewusst warum. Aber jetzt habe ich eine Erklärung und mir geht es gut. Ich fühle mich innerlich irgendwie erleichtert und frei."

Nachdem wir eine Zeitlang über das Erlebte gesprochen hatten und ich überzeugt war, dass mit Martina alles in Ordnung war, konnte ich sie beruhigt nach Hause gehen lassen. Ich versprach ihr, alles, was ich aufgeschrieben hatte ins Reine zu bringen und ihr eine Abschrift davon zu geben. Martina freute sich sehr. Ich selbst hatte das gute Gefühl, dass ich mit meiner Hypnosetherapie wieder einem Menschen hatte helfen können.

Ich habe mich befreit

Es war an einem goldenen Herbsttag im Oktober, als mein Patient in meine Praxis kam. Herr P. gab sich freundlich, höflich und fröhlich. Ich erkannte jedoch die Maske in seinem Gesicht und wusste, dass es ganz sicher in seiner Seele anders aussah. Während ich mein Gegenüber mit der Bereitschaft ihm zuzuhören freundlich ansah, fragte ich mich, was ihn wohl so quälte.
Wir kamen ins Gespräch und Herr P. erzählte mir nach und nach von seinen Sorgen. Er hatte sich im Leben durch Fleiß und Ausdauer zum Projektleiter hochgearbeitet.
Ihm unterstand eine ganze Abteilung von Mitarbeitern, die zu führen ein großes Projekt für ihn war. Er war verantwortlich war und stellte sich dieser Verantwortung auch voll und ganz. Er kümmerte sich um alles, war stets zur Stelle, sogar wenn seine Mitarbeiter Schwierigkeiten hatten und ihn mal nachts zuhause anriefen. Trotz all der schwierigen Umstände fühlte er sich wohl in seiner Position, hatte ein sehr gutes Verhältnis zu seinen Mitarbeitern und ging in seinem Beruf auf. Wie es so oft im Leben ist, gab Herr P. all seine Kraft, aber er bekam scheinbar nichts zurück. Keine Anerkennung, kein Lob, keine Auszeichnung. Dabei ist Anerkennung so wichtig für uns Menschen, durch Anerkennung bekommen wir einen Schub Motivation und das gibt Energie. Herr P. aber war nur ein Rädchen im Getriebe. Er powerte sich aus und fühlte sich mit der Zeit ausgelaugt und kraftlos.
Seit einiger Zeit sei er unfähig, sich zu konzentrieren, nicht nur im beruflichen, sondern auch im privaten Bereich. Er könne nicht mehr in Ruhe die Zeitung oder ein Buch lesen. Nachrichten im Radio oder Fernsehen versuche er zwar zu verfolgen, fühle sich aber schnell überfordert und schalte dann ab.

Er bemerke schon seit ca. zwei Jahren, dass er sich sowohl am Abend als auch am Wochenende nicht mehr entspannen könne. Er finde einfach keinen Abstand und keine Erholung. Auch an Feiertagen und im Urlaub fühle er sich ständig angespannt, nervös, unruhig und gehetzt. Ohne Grund reagiere er ständig gereizt und in der Nacht wälze er sich meist nur schlaflos im Bett herum.
Herr P. gehörte zu dem Typ Mensch der stets fröhlich, humorvoll und immer hilfsbereit für seine Mitmenschen da war. Er war jemand, der den Frieden über alles liebte und darum bei Meinungsverschiedenheiten und Streitigkeiten in große seelische Bedrängnis geriet. Um dies zu vermeiden war er bereit, seine eigenen Wünsche und Bedürfnisse zurückzustellen oder auch aufzugeben. Er verbarg seine Sorgen und Schwierigkeiten sowie seine innere und äußere Rastlosigkeit hinter einer Maske aus Humor und Witz.
So entstand mit den Jahren des Leidens ein Druck, der auf seinem Herzen lag, und ihn nur mühsam durch seinen Alltag gehen ließ. Seine Kraft und Energie, die er noch als junger Mann gehabt hatte, wurde schwächer und schwächer. Hoffnungslosigkeit und eine gewisse Hilflosigkeit nahm immer mehr den Platz in seinen Gedanken und Gefühlen ein.
Als er dann erleben musste, dass die EDV - Abteilung, in die er seine ganze Kraft investiert hatte, aufgelöst wurde, brach für ihn eine Welt zusammen. Er war doch der Starke, der niemals die Hilfe anderer in Anspruch nahm. Und nun am Ende konnte er sich selbst nicht helfen. Sein größter Wunsch war es, wieder der Alte zu werden. Jemand, der mit Freude und Zuversicht durch den Tag gehen konnte.
Um ihm helfen zu können, brauchte ich noch mehr Informationen aus seinem Leben. Und Herr P. erzählte mir davon. Als er 14 Jahre alt war, verstarb sein Vater ganz plötzlich. Dieser so wichtige Mensch, den er liebte und der ihn positiv formte, war von heute auf morgen nicht mehr da. Dafür nahm seine Mutter ihn für sich voll in Anspruch und er wiederum nahm seine neuen Pflichten wahr. Für ihn war mit einem Schlag die Jugendzeit vorbei. Er musste von einem auf den anderen

Tag erwachsen werden. Handeln lernen, denn seine Mutter, die durch den Tod ihres Mannes depressiv geworden war und mit dem Schicksal haderte, nahm ihren Sohn voll in Anspruch. Da die Mutter selbst ihren Schmerz nicht durch Tränen oder reden verarbeiten konnte, war es auch dem Sohn untersagt zu weinen.

So opferte er sich für seine Mutter und stellte seine eigenen Bedürfnisse zurück. Er wurde nicht gelobt, seine Sorgen um die Mutter, wurde nicht gesehen noch viel weniger beachtet. Es wurde einfach von ihm erwartet und er gehorchte wie ein braver Sohn.

Ich verstand ihn. Durch sein ganzes Leben zog es sich wie ein roter Faden: Das Umsorgen Anderer. Durch den Erfolg in seinem Beruf holte er sich die Anerkennung, die ihm Energie gab. Aber jetzt war sein Projekt zu Ende und er fühlte sich leer gebrannt.

Vor einiger Zeit war seine Mutter gestorben. Eigentlich hätte sich sein Leben nun ändern können. Aber die Verantwortung für andere Menschen war wie ein eingebrannter Stempel in ihm angelegt und er konnte alleine nicht aus seiner Haut heraus. Statt mit Tränen reagierte er mit Wutausbrüchen, die andererseits auf ihre Weise ja auch eine Art von Tränen sind. Er brauchte Hilfe.

Herr P. war zu mir gekommen, um mit der Heilhypnose einen Weg zu finden, sein Leben wieder in den Griff zu bekommen. Ich wusste schon jetzt dass es ein langer Weg werden würde. Herr P. war jedoch bereit, auch lange Zeit zu investieren, wenn es ihm dadurch besser gehen würde.

Wir vereinbarten schon für den nächsten Tag einen Termin.

Da Herr P. gerne wanderte, ließ ich ihn in der ersten Hypnose-Sitzung mit Freunden in den Bergen und Wäldern wandern. Er genoss die Ruhe und Wärme und fühlte sich sehr wohl.

In der zweiten Hypnose-Stunde ließ ich ihn dann wie ein Adler frei und weit über Berge und Täler zu fliegen. Ich sprach Freude an, und nach der Sitzung erzählte mir Herr P., dass er bei seiner Freude auch einen tiefen Schmerz empfunden hatte. Er verbot sich selbst, sich zu freuen, weil er fürchtete, sonst zu verlieren, was ihm wichtig war.

Herr P. fühlte Schmerz und Tränen, wenn er von etwas Schönem sprach. Der plötzliche Verlust des Vaters in jungen Jahren war noch immer mit Schmerz verbunden und saß noch tief in ihm.
Nach der Therapie schrieb Herr P. das Erlebte für mich auf:
„Ich sehe mich in unserem Wohnzimmer und ich nehme deutlich die Anwesenheit meiner Familie wahr. Wir sind gemütlich zusammen, meine Tochter hält auf ihren Knien ein kleines Kind - ohne Zweifel ihr Kind, also mein Enkelkind. Dieses Bild steht bei mir als Symbol für ein Geschenk. Ich denke, es soll mir sagen, dass ich mir erlauben soll, Geschenke anzunehmen bzw. mich auf etwas zu freuen. Ich fühlte dann, dass das Bild wohl schon immer dazu da war, mir zu sagen, dass da ein wunderbares Geschenk kommen wird, auf das es sich zu freuen und für das es sich gesund zu werden und zu bleiben lohnt.
Ein unbeschreibliches Glücksgefühl, eine unendliche Dankbarkeit und eine tiefe Demut sind nachhaltig in mir verankert."
In der nächsten Therapiestunde lasse ich Herrn P. wieder wie auf Adlers Schwingen über ein Dorf segeln und langsam hinuntergleiten. Dort gibt es eine Kapelle, in die ich Herrn P. eintreten und auf seinen Vater treffen lasse.
Nach der Sitzung berichtet mir Herr P., dass er seinen Vater als ein Gefühl in der Kirche wahrnahm. Er kann jetzt einfacher über den Tod seines Vaters sprechen. Es fällt ihm leichter, seiner Freude Ausdruck zu verleihen. Herr P. spricht fließender und fühlt sich insgesamt stärker. Wieder schreibt er mir anschließend seine Erfahrungen auf:
„Während der Therapie hatte ich folgendes Gefühl:
Jemand sagte mir: ‚Nimm die Empfindungen während der Hypnose-Therapie des Vortages so an, sie werden in der Realität eintreffen.'
Ich spürte die Anwesenheit meiner Familie wie am Vortag und ich fühlte die warme, liebevoll-beruhigende Umarmung durch meinen Vater, dessen Präsenz ich nicht gesehen, aber deutlich gefühlt habe. Mir war klar, dass mein Vater mir den anfänglichen Rat gegeben hatte.
Obwohl ich die Kapelle verlasse, bleibt mein Vater mir gegenwärtig und ich fühle ganz klar, dass wir beide in Richtung Wald gehen. Ich sehe nach links vorne die Senke vor den Bäumen und erblicke auf der

rechten Seite den Weg in den anderen Teil des Waldes. Ich fühle mich sehr, sehr glücklich und habe kein Gefühl der Traurigkeit dabei. Ich erinnere mich, dass ich als Kind meinem Vater oft in den Wald begleitet hatte. Er wollte in jungen Jahren Förster werden und liebte die Natur."
In der nächsten Therapiesitzung ist es sein Wunsch, sich zu konzentrieren und in Ruhe ein Gedicht für seinen Freund zu schreiben.
Nachdem Herr P. in eine tiefe Entspannung geht, motiviere ich ihn mit den Worten: „Sie drücken sich immer sehr gut aus. Bei jedem Gespräch, das sie führen, fallen ihnen sofort die richtigen Worte ein. Ihre Konzentration und ihr Gedächtnis arbeiten in Harmonie zusammen. Sie haben den Wunsch, ein Gedicht für ihren Freund zu schreiben und dieser Wunsch ist so groß, dass es Ihnen jetzt immer leichter fällt, sich zu konzentrieren. So wunderbar arbeitet ihr Gedächtnis. Sie stellen sich vor, Sie sitzen am Computer, sind innerlich von einer tiefen Ruhe erfüllt und schreiben. Ihr Wunsch, sich dabei wohlzufühlen vertieft sich stündlich. Sie kommen zum Ende und sehen sich stolz Ihr Gedicht an. So wie es Ihnen gelungen ist dieses Gedicht zu schreiben, gelingt ihnen alles im Leben, was sie sich von Herzen wünschen."
Herr P. schreibt sein Erlebnis auf:
„Ich habe im Verlauf der Hypnose-Therapie das Gefühl, ganz ruhig und extrem schwer dazuliegen und dabei tief entspannt zu sein. Ruhe, Ruhe, Ruhe ist das Hauptgefühl. Danach begebe ich mich auf dem Rücken liegend auf einen regelrechten Flug, bei dem ich mich leicht und locker wie eine Feder im Wind aber doch sehr, sehr sicher fühle. Von der mir eigenen Höhenangst oder der Schwindeligkeit gibt es keinen Anflug. Ich habe bestimmt über der Liege, auf der ich während ich der Therapie lag, geschwebt. Lediglich korrigiere ich mit Armen und Beinen die Fluglage. Es ist ein wunderbares Gefühl der Freiheit gewesen und ich habe nach der Hypnose-Therapie lachend meine Therapeutin gefragt, ob sie denn auch die Berechtigung hätte, mir Flugunterricht zu erteilen. Wann habe ich je spontan so herzlich lachen können? Mir ist so ein Glücksgefühl wirklich gegönnt, ja erlaubt?

Als ich später meine Therapeutin verlasse, weiß ich, dass ich dank ihrer Hilfe auf dem richtigen Weg bin und mir auch sehnlichst wünsche, den Weg weiter nach oben zu schaffen.
In der nächsten Hypnosesitzung warte ich, bis Herr P. wieder ganz entspannt ist und motiviere ihn dann mit dem Worten: „Ihnen geht es gut und Sie wünschen sich, dass es Ihnen noch besser geht. Sie lassen alles auf sich zukommen, denn Sie wissen, dass Sie alles schaffen können. Sie möchten von nun an jeden Tag etwas Schönes für sich tun. Sie erlauben sich alles, was Ihnen gut tut. Mit Ruhe und Vertrauen und ganz ohne Angst gehen Sie in die Zukunft. Sie habe Durchsetzungsvermögen und packen alles an.
Anschließend schreibt Herr P. die folgenden Zeilen für mich auf:
„Ich habe das Gefühl der Schwere und Ruhe. Danach begebe ich mich auf dem Rücken liegend auf einen Flug. Irgendwie komme ich dabei über unser Haus und schwebe stehend darüber. Ich betrachte unsere Terrasse im Sonnenschein. Während ich so leicht dahin schwebe, muss ich dringend nach unten und mache mich dazu einfach ganz schwer. So ungefähr über der Straßenmitte schwebe ich ein, halte diese Lage und bemerke dabei, wie die Türen und Fenster des Hauses sich zu einem richtigen Gesicht verwandeln.
Und das Tollste hierbei: Das Haus lacht über das ganze Gesicht.
Ich habe jetzt nur noch einen Wunsch, nämlich den, hier ganz ruhig zu sein und das Lachen zu sehen. Also bleibe ich auch hier, fühle mich unendlich wohl, möchte immer so sein und mitlachen."
Während der nächsten Therapie ging Herr P. in eine tiefe Entspannung und hörte mich zeitweise nicht mehr. Ich führte ihn an das Meer und ließ ihn auf einem Felsen sitzen und das Tosen der Wellen in sich aufnehmen. „So stark wie der Felsen den Wellen standhält, so stark werden auch Sie. Die Kraft der Wellen überträgt sich auf Sie und Sie spüren die Energie eines 30-Jährigen. Sie genießen diesen Ausblick, der in Ihnen Sehnsucht nach mehr Kraft und Freude wachsen lässt."
Nach der Therapie berichtete Herr P. von einer weiteren schönen Erfahrung: „Ich fühle eine wohltuende Ruhe und Schwere, empfinde Kraft und Stärke und großes Selbstvertrauen. Nun begebe ich mich

wieder auf eine Reise. Aufs Neue schwebe ich in oder auf der schon bekannten Wolke. Ich bin leicht und locker, fühle mich gut, mir geht es gut. Die Reise geht zu meiner Insel, auf der ich leichtfüßig lande. Ich weiß, dass der schwarze Lava Strand sehr heiß wird und ich merke, dass ich nicht auf einer Stelle stehen bleiben kann, da ich keine Schuhe oder Sandalen trage. Ich muss tanzen.
So sehe ich die beiden bizarren Fels-Stelen dort draußen im Wasser stehen, als würden sie einfach nur dazu da sein, durch sie hindurch (wie durch ein offenes Tor) in eine neue gute, gesunde, glückliche Zukunft zu gehen oder zu schwimmen.
Ja das muss es wohl gewesen sein, irgendwas, das ich als das Leben spüre, lädt mich ein, nimmt mich mit und zwar mit einer solchen Leichtigkeit und Sicherheit, dass ich selbst das Wasser als sicheren Ort und als Quelle des Wohlbefindens empfinde. Das ist für mich sehr ungewöhnlich und neu, da ich mit offenen Gewässern stets Gefahr und Leid verbunden hatte. Jedenfalls ist es mir jetzt, als ob mich das Leben freundlich lachend davon überzeugt, dass auch im Wasser gute Gefühle und Erholung möglich und Ängste überflüssig sind.
Wieder tanze ich im heißen Lava-Sand, denn dort kann man wirklich nur mit Schuhen länger auf einer Stelle stehen bleiben. Und wie zur Bekräftigung all dieser Eindrücke sehe ich weiter draußen im Ozean das Leben, wie es mir immer wieder zu lacht, mich winkend grüßt, mir den nächsten Urlaub, die nächste Freizeit als so erholend, so beruhigend, so erstrebenswert verspricht.
Gleichzeitig spüre ich deutlich die Aussage ‚und du musst mit der Entspannung und dem damit verbundenem Glücksgefühl nicht bis zu deiner nächsten Reise warten. Dir gefällt das Gefühl der Ruhe und Entspannung, Du kannst dich hier auf deiner Insel, an deinem Strand in deiner Lieblingslandschaft immer dann einfinden, wenn du es willst. Egal wo du gerade bist, stelle es dir doch einfach vor, so wie jetzt gerade. Und immer dann wirst du dabei die Kraft tanken, Freude fühlen, Dir Freude gönnen. Freude ist Lachen, denke daran. Freude bedeutet Lachen, Glücklichsein und nicht den Schmerz, den du jetzt zwar noch bemerkst, aber lange nicht mehr so stark wie noch vor kurzem. Freude

ist Lachen, Lachen, Lache!' Ich fühle mich jetzt so fröhlich, so stark, so lebensbejahend, so mutig, stolz und tatendurstig. Das bereitet mir große Freude. Ich werde bald ganz gesund und erholt sein. Und dann gibt es neben der Arbeit auch Raum für mein Privatleben, für die notwendige Regenerierung von Körper und Geist. Privat bin ich dann ebenso mitreißend wie am Arbeitsplatz und schenke meinen Lieben große Aufmerksamkeit."

Nach wochenlangem Pausieren in der Firma fühlte Herr P. sich wieder stark genug, arbeiten zu gehen. Er hatte das Gefühl, dass innerlich alles heller geworden war. Um ihm den Start zu erleichtern, bot ich ihm an, in der Hypnose-Therapie einen Arbeitstag ablaufen zu lassen. Und so geschah es. Herr P. lag entspannt auf der Liege und hörte auf meine Worte. Ich sprach zu ihm: „Sie sehen sich morgens ins Auto steigen und in die Firma fahren. Sie denken nicht mehr an Probleme denn Sie haben für alles eine Lösung. Sie reagieren immer ruhig und besonnen. Sie fühlen sich stark und mutig, Sie haben Ihren Entschluss gefasst und keiner kann Sie davon abhalten. Sie wissen, dass es allein Ihr Leben ist und Sie allein darüber bestimmen. Sie denken nur noch daran, was Ihnen gut tut. Keiner erwartet von Ihnen mehr als Sie geben können. Alles, was Sie geben ist gut und richtig.

Sie sind jetzt in der Firma angekommen und gehen in Ihr Büro. Mit jedem Schritt, den Sie auf ihren Schreibtisch zugehen, spüren Sie in ihrem Inneren Kraft strömen. Eine Kraft, die Ihnen Ruhe und Zuversicht vermittelt. Sie setzen sich an Ihren Computer und programmieren Ihre Zukunft: Freude genießen, Sicherheit fühlen, mit innerer Ruhe, Selbstvertrauen, Glaube und Geduld durch den Alltag gehen. Sie wollen Erfolg, Anerkennung und Achtung, und mit Dankbarkeit zufrieden jeden Tag begrüßen." Während ich diese Worte zu Herrn P. sprach, schaute ich in sein Gesicht. Er sah sehr zufrieden und entspannt aus.

Am nächsten Tag berichtete er über seine Erlebnisse: „Ich komme zu meinem Arbeitsplatz und schalte meinen PC an. Alles strahlt sehr viel Harmonie, Freude, Zufriedenheit, ja Glücklichsein aus, halt das, was mir immer so viel Freude an der täglichen Arbeit gemacht hat. Ich bin wieder da!!! Und das erfüllt mich mit großer Freude, mit mächtig viel Stolz, denn das habe ich ohne Medikamente, ohne Ruhigstellung geschafft. Alleine durch die Therapie bei meiner Therapeutin. Ihre Hypnose-Therapie, ihre Gespräche haben mich begleitet und mich auf diesen Weg gebracht, mir die Kraft, diese Zuversicht, diese Ruhe, dieses Selbstvertrauen gegeben. All das fühle ich jetzt und hier in der Hypnose und es geht danach noch weiter.

Mir bleibt in Erinnerung, dass ich bei diesen Gedanken schlucken, fast weinen musste, ich war einfach gerührt. Aber das war nicht das frühere Weinen, die Ohnmacht und Angst vor diesem Weinen! Das waren Glücksgefühle, Freudentränen und die erlaubte ich mir nun wirklich, auch in Zukunft in meinem gesunden Leben. Das ist doch etwas ganz anderes, als diese Tränen tiefster Verzweiflung, diese Angst, nicht sprechen zu können und minutenlang nur da zu sitzen.

Die bisherigen Eindrücke wurden dann von etwas abgelöst, das ich als Kraft tanken, Ruhe tanken, Selbstbewusstsein finden, Zweifel beseitigen beschreiben kann.

Jedenfalls sehe ich mich irgendwo stehen, allein auf weiter Flur und ich werfe etwas von mir. Zuerst werfe ich meine Ängste weg, und zwar mit viel Kraft, dass ich sie für immer loswerde. Es sieht aber nicht so aus, als wollten die Ängste wegbleiben, denn wie bei einem Bumerang-Wurf kommen sie wieder zu mir zurück. So werfe ich bestimmt vier bis fünf Mal. Nach einem mächtigen, entschlossenen und mit aller Kraft ausgeführten Wurf sind die Ängste endlich weg und bleiben weg. Ich bin erlöst.

Danach geht es ebenso mit meinen Zweifel, meinen Sorgen nach weiteren Malen werfen bleiben meine Zweifel und Sorgen weg. Sie hindern und lähmen mich von jetzt an nie mehr. Ich fühle mich unendlich froh, glücklich, stark, ruhig, endgültig auf dem Weg der Besserung.

Im Anschluss an die Therapie fühle ich mich so gut, ich könnte die ganze Welt umarmen, Ich fühle mich unbändig stark und mutig und fasse den Entschluss, in vier Wochen ganz bestimmt wieder zu arbeiten. Was auch immer die Ärzte und Therapeuten für Zeiten vorgeben, in vier Wochen bin ich jedenfalls auf der Arbeit, bei der Arbeit. Und es geht mir dabei sehr, sehr gut!! Dieser Entschluss ist felsenfest und macht mich stolz."

Vier Wochen später ist es soweit, und Herr P. nimmt mit Freude seine Bürotätigkeit wieder auf. Es geht ihm mit jedem Tag besser und besser. Um Herrn P. noch weiter zu stabilisieren, kommt er noch einige Male zur Hypnose-Therapie und berichtet anschließend über seine Erlebnisse:

„Während der Hypnose-Therapie sehe ich mich auf einem Waldspaziergang. Der Spaziergang im Wald ist erfrischend, beruhigend und ich erhalte ein Gefühl von Kraft. Gerade unter dem Begriff ‚Kraft der Bäume' kann ich mir wirklich Kraft vorstellen.

Plötzlich fühle ich mich als Kind, weil ich nach einer Weile auf einen großen Baum zugehe, unter dem meine Großmutter steht. Irgendwo am oder um den Baum ist eine Bank, die aber eher aus rohen Brettern besteht. Man könnte darauf sitzen und doch ist es keine Bank im eigentlichen Sinne. Es sitzt auch niemand von uns auf der Bank. Oma steht am Baum. Sie schaut in meine Richtung und ich bin noch auf dem Weg dorthin.

(Zur Erklärung: meine Großmutter starb, als ich acht Jahre alt war, daher entspricht das Kind sein, dem damaligen Status.) Ich gehe nun von diesem Baum, der an einer Wegkreuzung steht, weiter in den Wald hinein. Ich fühle deutlich, dass ich nicht allein bin und strecke wie selbstverständlich meine rechte Hand nach oben aus, um sie meinem Vater zu geben, der jetzt mit mir gemeinsam geht, genauso wie er mit mir als Kind unzählige Male in den Wald ging. In mir herrscht jetzt ein Gefühl, als ob ich so behütet wäre, dass mir nichts, aber auch gar nichts Schlimmes passieren kann. Dieses Gefühl hatte ich als Kind auch schon genau dort.

Mein Vater ist wie ganz selbstverständlich bei mir, ich habe ihn überhaupt nicht gesucht, mir ist auch nicht bekannt, dass ich erst lange auf ihn zu oder hinter ihm hergelaufen wäre. Er ist einfach da und das ist so unbeschreiblich schön.

Warum kommt dieses Gefühl gerade hier hoch? Rechts vom Weg gibt es eine sehr dunkle Tannenpflanzung, deren Bäume ungewöhnlich eng

beieinander stehen und die ich niemals erkundet habe. Sie ist mir nur so in Erinnerung: dunkel, man weiß nicht, was dort auftaucht, sie ist auch ein Rückzugsraum für Rehe und andere Tiere. Ich habe das Gefühl, dass ich nicht stören darf. Ich habe Angst vor dem Unbekannten. Da darf ich mich an Vaters Hand doch sehr, sehr sicher fühlen.
Unvermittelt finde ich mich nun genau auf dem anfänglichen Wegstück wieder, aber nun in der Gegenrichtung. Wieder bin ich nicht allein, jetzt gehe ich auf diesem Weg gemeinsam mit meiner kleinen Tochter. Es ist ein sehr schönes Gefühl.
Nach dieser Therapiesitzung gehe ich nach Hause und suche in den Fotoalben nach alten Bildern. Tatsächlich finde ich eines von meiner Oma und mir als kleines Kind. Im Hintergrund ist der Baum, es ist alles genauso, wie ich es in der Hypnose-Therapie erlebt hatte. Selten so entspannt ist mein Gedanke ich muss ganz tief weg gewesen sein."
Herr P. ist wieder stabil und bewältigt seinen Alltag wieder selbstbewusst und viel Energie. Wir beschließen, noch einmal seine Nerven anzusprechen und zu stärken. Herr P. ist einverstanden und freut sich auf die Behandlung.
Nach dem Herr P. die Augen geschlossen hat, und ich sehe, wie entspannt er sich fühlt, beginne ich mit Affirmationen, die ihn stärken sollen.
„Denken Sie darüber nach, was Sie wirklich wollen. Denken Sie so oft darüber nach, bis Sie sich völlig im Klaren darüber sind. Wenn Sie diese Klarheit gewonnen haben, dann denken Sie über nichts anderes mehr nach. Stell Sie sich dann keine andere Möglichkeit mehr vor. Verbannen Sie sämtliche negativen Gedanken aus Ihrem Kopf. Trennen Sie sich von jeglichem Pessimismus. Entlassen Sie alle Ihre Zweifel. Sagen Sie sich von allen Ängsten los. Disziplinieren Sie Ihren Geist und bringen ihn dazu, Ihre schöpferischen Gedanken, die in Ihnen reine Energie sind, in Materie um zu wandeln. Alles was Sie wirklich wollen, werden Sie auch bekommen. Wenn Ihre Gedanken klar und beständig sind, dann fangen Sie damit an, sie als Wahrheit auszusprechen. Formulieren Sie sie laut und mit Befehl:
Ich bin glücklich.

Ich fühle mich wohl.
Ich bin gesund.
Ich gehe mit Freude zur Arbeit.
Ich bin voller Zuversicht.
Ich lebe in Harmonie mit meiner Familie.
Ich verstehe mich mit allen Menschen gut.
Ich finde in der Freizeit stets genügend Entspannung.
Ich genieße mein Leben.
Ich bin wichtig.
Ich bestimme selbst über mich.
Ich setze mich für meine Ziele ein.
Ich habe erfolgsbringende Ideen.
Ich besitze die Fähigkeit, alle meine Ziele leicht zu erreichen.
Ich erschaffe mir ein gesundes, glückliches Leben.
Ich darf das und ich kann das.
Jetzt fühle ich mich noch besser.
Wichtig ist dabei, dass Sie lernen, Ihre Gedanken zu überprüfen. Es ist eine Sache der Disziplin. Wenn Sie sich dabei ertappen, dass Ihnen negative Gedanken kommen, Gedanken die Sie von Ihrem Vorhaben abhalten wollen, dann beginnen Sie von vorne und denken noch einmal nach. Bleiben Sie beharrlich." Diese Sätze sprach ich auf eine Kassette und gab sie Herrn P. mit nach Hause. Die Worte sollten ihn täglich begleiten und ihn ständig weiter stabilisieren. Herr P. berichtete später noch ein letztes Mal über seine Erlebnisse während der Hypnose-Therapie.
„Während der Heilhypnose unter Leitung meiner Therapeutin vernahm ich sinngemäß die Worte:
‚Die Verbindung zur Kommunikation zwischen den beiden Nervenzentren wird wiederhergestellt und funktioniert ausgezeichnet.' Gleichzeitig hatte ich das Gefühl, als ob hinter dem rechten Ohr damit begonnen würde, einen Kanal zu legen und als ob gleichzeitig aus der Bauchmitte heraus eine ähnliche Verbindung erwuchs, die entgegengesetzt in Richtung des Kanalvortriebes erfolgte, quasi um sich in der Mitte zu treffen. Es fühlte sich an, als ob der Vortrieb im Rückenbe-

reich von beiden Seiten aus auf kürzestem Wege quer durch den Körper erfolge, nicht etwa über den Weg, den ich mir im Nachhinein dafür vorstelle, nämlich über die Nervenbahnen der Wirbelsäule.
Dabei habe ich den Moment des Zusammenkommens der beiden Strecken als eine große Erleichterung, Entspannung in Erinnerung, so als ob durch die direkte Verbindung ein großer Überdruck ausgeglichen werden konnte. Ich kann es auch als ein Gefühl der Freude beschreiben, weil endlich eine schon lange belastende Situation ihren guten Abschluss gefunden hat. Diese Eindrücke habe ich insgesamt zweimal gespürt. Sie waren in etwa vergleichbar. Der erste Eindruck, jedoch ist mir wesentlich befreiender in Erinnerung. Beim zweiten Mal kam es mir so vor, als ob der neue Kanal bewusst genutzt würde, um zu beweisen, dass er da und nutzbar ist, ja sogar schon benutzt wird."
Meine Arbeit war getan, und mich als Therapeutin erfüllte ein wunderbares und dankbares Gefühl. Zu erleben, wie sich durch meine Hilfe ein Patient wieder aufrichtet, seine Stärke erkennt und seinen Alltag mit Zuversicht und Gelassenheit bewältigt macht mich glücklich.
Er hatte den Glauben an sich selbst wiedergefunden. Er wurde stärker als jemals zuvor und im Laufe der Zeit erfüllten sich viele seiner Wünsche.

Stark genug für ein selbstbestimmtes Leben

In meiner Nachbarschaft wohnte eine junge Frau. Sie lebte mit ihrer Mutter und ihrem Bruder in einem schönen, neu gebauten Haus. Die junge Frau war mir schon öfters aufgefallen. Sie verhielt sich sehr seltsam auf der Straße oder auch, wenn man ihr in einem Geschäft begegnete. Sie grüßte keinen Menschen, war sehr scheu und die Nachbarn machten einen großen Bogen um sie. Denn ihr Verhalten war schon seltsam.
Da es in meiner Natur liegt, jeden Menschen so zu nehmen wie er ist, hörte ich mir das Gerede der anderen Leute im Ort nicht an. Im Gegen-

teil, diese junge Frau hatte mein Mitgefühl. Ich fand es nicht schön, wenn über sie gelacht oder gewitzelt wurde.
Sicher wirkte sie seltsam durch ihr auffälliges Verhalten, sie bewegte sich sehr langsam und wenn sie sprach, piepste ihre Stimme so, dass man sie nicht verstehen konnte. Für ihre Mitmenschen schien sie irgendwie geistig zurück geblieben zu sein. Es stand mir jedoch nicht zu, darüber zu urteilen. So grüßte ich sie, wenn ich sie sah, auch wenn mein Gruß nicht erwidert wurde. Ich wollte ihr damit doch vermitteln, dass ich sie als ganz normalen Menschen achtete.
Ich nahm Anteil an dem Schicksal dieser Frau und hörte mir an, was die Leute mir aus ihrer Kindheit berichteten. Sie hieß Ulrike hatte wohl schon als kleines Kind diese piepsige Stimme gehabt. Sie war sehr langsam und liebte rosa Schweinchen. Die anderen Kinder machten sich lustig über sie. So wurde sie als dumm angesehen und ständig gehänselt, ausgelacht und nachgeahmt. Das tut einem Kind sehr weh und Ulrike musste mit dieser Hänselei im Alltag lernen erwachsen zu werden und zurechtzukommen.
Das hatte Folgen. Die junge Frau wurde mehr und mehr menschenscheu und zog sich zurück. Sie lebte mit Mutter und Bruder im eigenen Haus und ihre ganze Hingabe war ein sauberer und ordentlicher angelegter Nutzgarten, der aus Gemüse und Obst bestand. Es bereitete ihr Freude zu pflanzen und zu ernten. Ihr Leben lief immer im gleichen Rhythmus ab. Auf Grund ihrer geistigen Behinderung war sie in einer geschützten Werkstatt beschäftigt, und wenn sie abends von der Arbeit nach Hause kam, dann ging sie sofort in ihren Garten und kümmerte sich um die von ihr angelegten Gemüse- und Blumenbeete.
Die Welt schien in diesem Haus in Ordnung zu sein. Wären da nicht die Sorgen ihrer Mutter, die schon im hohen Alter war und sich erhebliche Gedanken um ihre beiden behinderten Kinder machte. Was sollte mit ihnen geschehen, wenn sie sterben würde und nicht mehr für ihre Kinder sorgen könnte? Wie würden die zwar erwachsenen, aber doch eingeschränkten Kinder nach ihrem Tod zurechtkommen? Könnten sie noch im eigenen Haus wohnen oder müssten sie in ein Behinderten-Wohnheim?

Mit jedem Jahr des Älterwerdens wuchsen auch die Sorgen der Mutter um ihre Kinder. Eines Tages sprach sie mich an und erzählte mir von ihren Sorgen. Sie bat mich, ihrer Tochter doch zu helfen, selbständiger zu werden, damit diese nach dem Tod der Mutter in der Lage wäre, den Haushalt und ihren Bruder zu versorgen.
Ich sah der alten Frau den großen Druck an, der auf ihrem Herzen lastete. Wenn auch mein Mitgefühl für diese Mutter stark war, so konnte ich ihr dennoch nichts versprechen. Die Mutter berichtete mir von der Behinderung ihrer Tochter. Sie ließ keine körperliche Berührung von anderen Menschen zu. Selbst ihre Mutter durfte sie weder anfassen noch in den Arm nehmen. Sie ließ keinen Menschen an sich heran. Bei ihrer Tochter wurde schon im Kleinkindalter eine angeborene Langsamkeit und Konzentrationsschwäche mit einer Zwangsneurose diagnostiziert. Sie wurde daher von klein auf psychologisch behandelt und es wurden im Laufe von Jahrzehnten viele Therapien angewendet.
Unter anderem wurde ihre Tochter als Kind im Rahmen der Therapie in eine Badewanne mit eiskaltem Wasser gesetzt. Auch wurde sie mit leichten Stromstößen behandelt. Man erhoffte sich damit Erfolg. Mir lief ein Schauer über den Rücken, als ich das hörte. Ich dachte mir nur „Was hat man in der Vergangenheit alles angestellt und trotzdem keinen Erfolg erzielt? Was könnte ich tun, um hier zu helfen?" Vom Verstand her sah auch ich keine Möglichkeit für ihre Tochter. Wie sollte ich Ulrike mit meiner Therapie helfen können?
Aber wie immer vertraute ich auf meine Intuition. Und wenn jemand in Not war und mich bat, ihm zu helfen, war ich bereit, alles Mögliche zu tun.
Wir vereinbarten einen Termin zur Probe, und eine Woche später kam Ulrike in meine Praxis.
Da wir uns schon öfter gesehen hatten, spürte ich von ihrer Seite aus kein Fremdeln mir gegenüber, sondern nur Neugierde. Ulrike saß mir gegenüber. Sie war etwas pummelig, hatte aber ein liebes Gesicht und lange wunderschöne Haare. Ich unterhielt mich zuerst mit ihr über ihren Garten und sie öffnete sich bei diesem Thema. Mit ihrer piepsigen Stimme erzählte sie mir, was sie alles gepflanzt hätte. Ich ließ sie

reden und hörte ihr aufmerksam zu. Dann fragte ich sie, wo sie gerne im Urlaub wäre.
Sie berichtete mir vom blauen Meer und den Fischen darin. Sie sprach von Palmen am Strand und vom warmen Sand. Aber es sollten keine Menschen dort sein. Ich notierte mir alles und nach dem dritten persönlichen Gespräch begannen wir mit der ersten Heilhypnose. Ich fragte Ulrike nach ihren ganz persönlichen Wünschen. Sie antwortete: „Ich möchte nicht immer so gereizt sein, sondern ruhig, gelassen und fröhlich. Ich möchte gerne beweglicher sein. Turnen möchte ich, kochen und stricken. Ich möchte mich besser konzentrieren können und ein besseres Gedächtnis haben. Ich möchte, dass meine Hormone und Drüsen gesund arbeiten, mein Hautausschlag sich zurückbildet und ich keine Ängste mehr habe. Außerdem möchte ich, dass meine Haare noch dicker und länger werden."
Ich notierte mir ihre Wünsche auf einem Blatt Papier und bat sie dann, auf der Couch Platz zu nehmen. Ulrike legte sich ruhig hin und ich deckte sie behutsam und vorsichtig zu. Ich spürte, dass sie Vertrauen zu mir hatte. Ich setzte mich neben sie. Da ich wusste, dass sie keine Berührung akzeptierte, legte ich nicht, wie ich es sonst bei Patienten tat, meine rechte Hand an ihre Schulter, sondern ließ meine Hand neben ihrer Schulter liegen.
Ich sagte ihr, dass ich sie gleich bitten würde, die Augen zu schließen und mir nur zuzuhören. Da sie das Wasser liebte, führte ich sie ans Meer. Und während ich zu ihr sprach, beobachtete ich ihre Reaktion auf meine Worte. Aber sie schien sich wohl zu fühlen denn sie blieb ruhig liegen und hörte mir zu. Nach 20 Minuten führte ich sie wieder zurück ins Zimmer und bat sie, die Augen zu öffnen.
Nachdem sie das getan hatte und mich mit einem Lächeln ansah, bat ich sie mir zu sagen, wie sie sich fühle.
Sie erzählte mir: Es war schön, ich habe den Strand gesehen mit grünen Pflanzen und Fischen und ich habe ein Schiff auf dem Meer fahren sehen. Dann habe ich gestrickt und sah schöne Wolle in weinrot und Königsblau." Sie wirkte sehr entspannt und ruhig. Nachdem wir einen

neuen Termin ausgemacht hatten, konnte ich sie beruhigt nach Hause gehen lassen.
Als ich in der nächsten Hypnose-Therapie nach ihren Wünschen fragte erzählte sie mir, dass sie sich mit ihren Arbeitskollegen gut verstehen und ihre Arbeit zufriedenstellend ausüben wolle. Mit dem Geld, was sie verdiente, sollte es ihr möglich sein, damit gut auszukommen.
Sie wollte keine Ängste mehr vor Säuglingen und kleinen Kindern haben, sondern richtig und gut mit ihnen umgehen können.
Ich notierte mir ihre Wünsche und fragte, ob ich während der Therapie meine Hand an ihre Schulter legen dürfte. Sie sah mich prüfend und etwas misstrauisch an. Doch dann nickte sie.
So legte ich meine rechte Hand an ihre linke Schulter und bat sie, die Augen zu schließen, was sie auch bereitwillig tat.
Ich führte sie an das blaue Meer mit einem warmen weichen weißen Sandstrand grünen, wunderschön dicht gewachsenen Palmen. Ich ließ ihr die Freiheit, sich hier am Strand frei zu bewegen. Ich sah ihr an, dass es ihr gut ging. Ihre Gesichtshaut wirkte entspannter, feiner und glatter. Meine rechte Hand durfte die ganze Zeit an ihrer linken Schulter liegen.
Mit ruhigen positiven Worten, dabei aber stets auf ihre Reaktionen achtend, führte ich sie durch die Hypnose-Sitzung und nach 20 Minuten bat ich sie, wieder in den Raum, in dem sie lag, zurück zu kehren.
Ulrike öffnete die Augen, sah mich lächelnd an und erzählte mir:
„Ich sah in die lachenden Gesichter meiner Kollegen, mit denen ich einen Ausflug nach Belgien zur Atomausstellung unternahm. Dann war ich am Meer und sah eine große Welle auf mich zu kommen, aber ich fühlte mich nicht bedroht.
Anschließend sah ich ein Muster für einen Pullover, den ich stricken möchte. Später schwamm ich im Meer mit einer Taucherbrille und Schnorchel sah viele bunte Fische. Am Strand stand eine Hütte und ich habe das Gras davor gemäht. Ich fühlte mich wohl. Plötzlich zog ein Wirbelsturm mit schwarzen Wolken auf, aber dahinter sah ich einen wunderschönen Sonnenuntergang. Ich fühlte mich nicht bedroht, sondern es war einfach wunderschön."

Es war für mich sehr wichtig, das für Ulrike jede Therapiestunde ein schönes Erlebnis war, und sie ruhig nach Hause ging. Denn der Wunsch war ja, dass jede Therapie in ihr einen Prozess in Gang setzen sollte, der ihr im Alltag das Leben erleichtern würde. Ulrike kam gerne zur Therapie, es schien ihr gut zu tun. Nachdem sie bei ihrem nächsten Besuch in meiner Praxis auf der Coach Platz genommen hatte, und ich sie mit einer leichten Decke zudeckte, fragte ich sie, ob sie Lust hätte, dieses Mal auf einer weichen Wolke zu schweben. Ulrike sah mich fragend an, nickte mir aber dann vertrauensvoll zu.
Ich bat ich sie, die Augen zu schließen und mir zuzuhören.
Ruhig und mit motivierenden Worten ließ ich sie auf einer warmen weichen Wolke schweben. Ich sah in ihr Gesicht und sah ein Lächeln. Ulrike wirkte entspannt und schien es zu genießen. Nach 20 Minuten hieß ich sie, ihre Augen wieder zu öffnen.
Sie schien förmlich darauf zu warten mir alles zu erzählen, was sie erlebt hatte und es sprudelte aus ihr heraus: „Ich sah mich wie ein Baby auf der Wolke liegen. Es war kuschelig und weich. Dann sah ich eine hochschwangere Frau, und diese Frau schlief. Aber der Gebärmuttermund dieser hochschwangeren Frau öffnete sich und eine Pflegeperson zog ein Baby ganz vorsichtig aus dem Leib der schwangeren Frau. Ich sah auch jemanden, der sehr krank war, aber gut versorgt wurde.
Dann erblickte ich am Strand ein fremdes Gesicht. Es war eine Frau, ca. 30-35 Jahre alt, mit dunklen Augen und dunklen Haaren, die am Strand entlang ging, sich bückte und etwas im Wasser suchte. Nun kamen Wellen, die im Licht flimmerten und Haie, die auf mich zu schwammen, aber kurz vorher abdrehten ohne mich zu verletzen."
Ulrike war etwas aufgewühlt, aber ansonsten ruhig. Ich konnte sie mit ruhigem Gewissen nach Hause gehen lassen. Ulrike ging es privat viel besser, sie lernte kochen bei ihrer Mutter und es machte ihr viel Spaß. Ihre Bewegungen waren leichter geworden. Innerlich wurde sie ruhiger und sicherer. So ging sie schließlich nach Hause und wir freuten uns schon auf die nächste Behandlung.

Wie immer kam Ulrike mit Erwartungen in meine Praxis. Wir sprachen über die vergangenen Tage und sie konnte mir berichten, dass es auf ihrer Arbeitsstelle nette Kollegen gab und sie gut mit ihnen zurechtkam. Dann legte sie sich auf die Couch und ich deckte sie mit einer leichten Decke zu. Ich setzte mich neben sie und fragte sie nach ihren Wünschen. Als hätte sie ein Leben lang darauf gewartet, dass mal jemand nach ihren Wünschen fragte, sprudelte es aus ihr heraus: „Ich will keine Ängste mehr haben. Ich will keine Schmerzen während der Periode mehr haben, ich will meine Periode immer regelmäßig bekommen." Ich notierte mir wie immer ihre Wünsche und bat sie, die Augen zu schließen. Diese Wünsche sprach ich an und motivierte sie positiv. An ihren Reaktionen sah ich, dass da etwas war, was sie sah und was sie aufwühlte. Ich kam zum Ende der Therapie und bat sie, die Augen zu öffnen. Dann erzählte mir Ulrike, dass die Bilder nun durcheinander kamen. Sie sagte: "Ich sah einen blauen Seestern, dann rote Farben ein schönes leuchtendes Dunkelrot mit vielen Punkten darauf. Ich sah eine Hütte am Strand. Ich fühlte mich nicht so sicher bei diesem Erlebnis. Dann sah ich eine Frau, die am Strand entlang ging. Es kam eine andere Person auf sie zu und die beiden stritten sich heftig. Ich beruhigte Ulrike, die sehr aufgewühlt schien. Und als ich sah, dass sie ruhiger wurde, ließ ich sie nach Hause gehen. Es hatte sich inzwischen großes Vertrauen zwischen der jungen Frau und mir entwickelt. Ulrike erzählte mir, dass sie als junges Mädchen gynäkologisch untersucht worden war und dabei sehr verletzt wurde. Von da an war sie nicht mehr bereit, sich von Ärzten untersuchen zu lassen. Da Ulrike ständig unter starken Schmerzen während der Periode litt, versprach ich ihr, das Problem anzusprechen.

Ich notierte mir alles und sprach in der nächsten Hypnose-Therapie eine schmerzfreie Periode an, ohne Krämpfe und die unangenehmen Begleiterscheinungen. Drei Wochen später bekam Ulrike ihre Periode tatsächlich ohne Schmerzen.

In der nächsten Hypnose-Stunde führte ich Ulrike wieder ans Meer, weil sie dort am liebsten war. Bevor ich sie dort sich selbst überließ, motivierte ich sie mit ihren Wünschen:

„Die Ruhe und Gelassenheit, die Sie jetzt erleben, werden intensiver. Eine positive Energie baut Ihren Körper auf und Sie werden täglich fitter und leistungsfähiger. Sie werden sicherer, ruhiger und gelassener. Ihre Konzentrationsfähigkeit nimmt zu.
Ihre Hormone werden gleichmäßig ausgeschüttet. Der Kontrollzwang wird immer schwächer. Alles, was Sie vorhaben, erledigen Sie immer sofort. Sie machen alles richtig, Sie brauchen sich nicht mehr zu kontrollieren, denn Ihr Vertrauen in sich selbst wird stärker. Sie trauen sich mit jedem Tag immer mehr zu und werden dadurch sicherer und selbständiger. Alle, Steine die Ihnen früher in den Weg gelegt wurden, schaffen Sie selbst aus der Bahn. Sie sind stark und fest entschlossen, alles zu schaffen." Während ich zu ihr sprach, beobachtete ich ihre Reaktionen. Ich sah in ihr entspanntes Gesicht, die Wangen leicht gerötet und schwieg eine Zeitlang. Nach 20 Minuten bat ich sie, die Augen zu öffnen. Sie strahlte mich an, also hatte sie etwas Schönes erlebt und ich fragte sie danach. Sie erzählte: „Ich sah mich im Wasser tauchen. Ein Mann in meinem Alter war bei mir. Ich sah sein Gesicht nicht, aber wir beiden tauchten ganz tief. Da waren 20 Meter hohe Wellen über mir und ein großer Wal kam und stupste mich an die Nase. Dann kam ein Hai und drehte links an mir vorbei. Ich sah bunte Fische und wollte noch mehr erleben. Ich fing an, ihn zu kraulen, obwohl ich eigentlich gar nicht kraulen kann. Und ich fühlte mich so wohl im Wasser."
Ich freute mich für sie mit und sie ging beschwingt nach Hause. Die nächsten Therapien brachten immer mehr Erfolg. Ihre Periode kam regelmäßiger und die Zwischenblutungen hörten auf. Die Krämpfe blieben aus und sie wurde ruhiger und innerlich stärker. Wieder war eine Therapiestunde zuendegegangen. Ulrike sah mich an und schien darauf zu warten mir zu erzählen, was sie erlebt hatte. Ulrike sagte: „Ich sah bedrohliche Bilder, unheimlich große Wellen. Eine große Welle kam auf mich zu. Ich hatte Angst, denn die Welle verdeckte die Sonne. Ich sah sie nur noch wie durch einen Schleier. Es waren Leute am Strand, und plötzlich wurde einer von einer Welle umgehauen, geschlagen und ohnmächtig. Die Welle kam wieder, griff nach etwas und

nahm es mit. Einer von den Jugendlichen war wahrscheinlich tot. Ein Feuerball lief hinter einem Menschen her. Der rannte weg. Die Welle war so hoch, dass kein Hubschrauber darüber fliegen konnte. Ich sah mich im Wasser untergehen und hatte plötzlich Kiemen wie ein Froschmensch, dann war ich ein Plattfisch und immer wieder kamen die Wellen. Kilometerhoch waren sie. Ich hatte Angst.
Wir sprachen ausführlich über ihre Erlebnisse und ich konnte sie beruhigen. Als ich in der Hypnose zu ihr von tiefer Ruhe sprach, sah sie wieder etwas Bedrohliches. Ich notierte mir das und nahm mir vor, in Zukunft in der Therapie stattdessen weite Ruhe anzusprechen. Ulrike spielte Mandoline und Klavier und war in einem Mandolinen- Verein. Ich beschloss, sie darin zu stärken, denn es machte ihr viel Freude. In der nächsten Therapie lag Ulrike entspannt mit geschlossenen Augen auf der Couch und schien darauf zu warten dass ich ihr etwas Positives sage. Ich ließ sie in einem großem Saal vor 50 bis 60 Leuten Klavier spielen und sagte zu ihr: „Sie machen dem Publikum Freude. Sie schaffen es, Sie sind gefestigt und strahlen die Menschen an, die Ihnen zuhören."
Danach führte ich sie wieder an ihren Lieblingsort das weite blaue Meer. Ich beobachtete sie die ganze Zeit und konnte an ihren Gesichtszügen erkennen, dass sie viele Bilder sah. Nach der Therapie erzählte mir Ulrike, was sie erlebt hatte. „Ich sah mich Mandoline spielen, das war so schön. Dann war ich wieder am Meer. Ich sah Wale, Pinguine und Delphine. Im Wasser war ein Eisberg. Dann kam eine große Welle, die über diesen Eisberg in Kristallen herunterlief und zu Eis erstarrte.
Dann sah ich eine Blumenwiese und Berge im Hintergrund, aber hinter der Wiese war ein Abgrund und es sah aus, als ob die Wiese förmlich umkippte. Ich erkannte, wie sich draußen auf dem Meer eine große hohe Welle aufbaute und näher kam. Ein Pilot im Hubschrauber hoch in der Luft versuchte über die Welle hinweg zu fliegen, aber die Kufen wurden nass. Dann sah ich einen furchtbaren Wirbelsturm, der ein Hausdach abdeckte. Dazwischen erschien aber immer wieder die Blumenwiese. Ein Mensch tauchte im Eisloch, und ein Anderer schaute

von einer Eiswand hinunter. Und dann war ich wieder hier in diesem Raum." Ja, und sie schien froh darüber zu sein. Nachdem wir ausgiebig ihre Erlebnisse besprochen hatten, konnte ich sie beruhigt nach Hause gehen lassen.
Ulrike war inzwischen so selbstsicher geworden, dass sie mir auf einem Blatt Papier ihre beruflichen Vorstellungen zur nächsten Therapie schriftlich mitbrachte:
„Meine Vorstellung für meine berufliche Zukunft:
Ich möchte mit Arbeiten beschäftigt werden, die ich gelernt habe, mit der Kontierung und Buchung von Belegen. Bei diesen Arbeiten tritt mein Kontrollzwang weniger stark auf. Ich möchte keine verantwortliche Stelle übernehmen, wenn möglich nichts unterschreiben. Weil ich mich dann immer kontrollieren muss, ob ich alles richtig mache oder mir Fehler unterlaufen sind. Ich möchte keine verantwortliche Stelle, an der ich auch Unterschrift leisten müsste. Bei allen anderen buchhalterischen Arbeiten sehe ich für mich persönlich keine Schwierigkeiten, wenn ich in diesem Bereich auf den neuesten Stand aufgefrischt werden würde."
Es war eine klare Ansage, Ulrike wusste, was sie wollte sie war selbstbewusster und sicherer geworden. Es war schön für mich, Ulrike so stark zu sehen und ich wünschte ihr für die Zukunft alles Gute. Ulrike war, bevor sie in der geschützten Werkstatt eingestellte wurde, im öffentlichen Dienst als Schwerbehinderte mit buchhalterischen Arbeiten beschäftigt gewesen, die sie aber aufgrund ihrer geistigen Behinderung nicht mehr ausüben konnte. Und sie wäre gerne wieder zu dieser Tätigkeit zurückgekehrt. Aber es bestand keine Chance, und so musste sie neu lernen, in der Werkstatt mit Maschinen zu arbeiten. Doch erstmal kam sie weiter zur Therapie. Nachdem ich sie mit positiven Worten motivierte, mit Worten, die ihr gut taten entspannte sie sich. Ich führte sie ans Meer und überließ es ihr, das zu tun, was sie wollte. Ich beobachtete sie und sah, wie unter ihren geschlossenen Lidern die Augäpfel hin und her rollten. Ich ahnte schon, dass sie wieder Erlebnisse hatte. Nach einer Zeit bat ich sie wieder zurück in das Zimmer und ließ sie die Augen öffnen. Sie sah mich an und erzählte

von ihren Erlebnissen: „Ich sah eine große schwarze Welle auf mich zu kommen, die dann über mich hinweglief. Ich hatte keine Angst und die Welle störte mich nicht. Dann sah ich einen Wirbelsturm, der sich zu einem rasenden Rüssel auftürmte. Er kam direkt auf mich zu. In meinen Ohren sauste es, dann wurde es ruhig, danach kam wieder das Brausen und am Ende wurde es still. Eine Frau in einem langen schwarzen Rock kam und hatte ein Baby auf dem Arm, das sich an die Frau klammerte. Und dann war ich wieder in diesem Raum. Ich schrieb mir ihre Worte auf und machte mir Gedanken darüber, was das alles zu bedeuten hatte. Waren es Erlebnisse aus ihrer Kindheit, oder aus ihrer Säuglingszeit? Für mich war wichtig, dass sie die ganze Zeit über ruhig geblieben war. Ich wusste, alles andere würde die Zeit bringen, die wir noch miteinander hatten. In der nächsten Therapiesitzung teilte Ulrike mir mit, dass sie kommende Woche einen Termin bei ihrem Psychologischen Dienst hätte und sich gehemmt fühlte, wenn sie vor Fremden sprechen müsste. Alles Neue machte ihr Angst, sie hasste Regeln und Zwänge, konnte keinen Druck vertragen. Bei jeder Therapiesitzung wünschte sie sich ein gutes Gedächtnis, wünschte sich, dass sie auf alle Fragen gut antworten könnte und einfach immer gelassen bliebe. Es war für mich ein Auftrag, den ich gerne erfüllte. Nachdem Ulrike entspannt auf der Couch lag und mit geschlossenen Augen bereit war, mir zuzuhören, führte ich sie auf eine Blumenwiese. Ulrike liebte Sonnenblumen über alles und ich ließ sie daher über eine wunderschöne Wiese mit vielen Sonnenblumen gehen. An ihrem Gesichtsausdruck sah ich, dass es ihr gut tat. Ich motivierte sie mit den folgenden Worten: „So wohl und sicher Sie sich jetzt auf der Blumenwiese mit den vielen goldgelben Sonnenblumen fühlen, genau so wohl und sicher fühlen Sie sich in jedem Gespräch mit Menschen. In jeder Unterhaltung bleiben Sie ruhig und gelassen. Sie werden mit jedem Tag sicherer und selbstbewusster. Sie werden stärker und können sich immer sehr gut ausdrücken. Nachdem ich eine Zeitlang nicht mehr gesprochen hatte, bat ich Ulrike, wieder in diesen Raum zurück zu kommen und die Augen zu öffnen. Ulrikes Erlebnisse überraschten auch mich jedes Mal wieder. Ich war gespannt darauf, was sie wohl jetzt wieder erlebt hatte. Ja, und sie hatte wieder viel erlebt. Sie erzählte mir: „Ich sah einen rosaroten Himmel. Ich sah Wasser und eine wunderschöne Blumenwiese mit ganz vielen Sonnenblumen, die mich anlachten. Es war sehr schön. Dann sah ich einen Zug, und darin eine Gruppe Jugendlicher. Dann kam ein Lehrer, der einen Jungen packte und ihn hinter sich herzerrte. Doch der Bub wollte sich das nicht gefallen lassen, sondern wehrte sich mit Erfolg." Ulrike sieht in der Hypnose-Therapie immer wieder Bilder, bei denen wo starke Männer Schwächere bekämpfen. Umso mehr freute sie sich dieses Mal, denn der Schwächere wehrte sich. Auch Ulrike war ein Stück freier geworden. Ihre Stimme wurde langsam dunkler, sie war nicht mehr so piepsig und hell. Ulrike wurde aufgrund ihrer psychischen Erkrankung in eine Tagesstätte aufgenommen, wo sie kleinere Arbeiten verrichten musste. Sie bekochte die Mitkollegen in der Tagesstätte und das machte ihr Spaß. Sie fing an, zum Turnen zu gehen und kam so mit anderen Menschen zusammen. Es kam jetzt eine harte Zeit auf sie zu. Von amtlicher Seite traute man ihr keine normale Tätigkeit zu. Man bedrängte sie und sie hatte Angst davor, in eine psychologische Klinik zwangseingewiesen zu werden. Sie hatte schon Albträume und sah sich im Krankenhaus mit einer Zimmernachbarin. Im Kampf gegen die Behörden war sie nicht allein. Ihre Mutter konnte mit den Ämtern umgehen und schaffte es, dass ihre Tochter in eine Arbeitsbeschaffungsmaßnahme aufgenommen wurde. Sie hatte wenige Tage später ein Vorgespräch mit den Sozialarbeitern und ich bereitete sie darauf vor. In den nächsten Therapiestunden motivierte ich sie immer wieder mit Worten wie diesen: „Am Montag sind Ihre Konzentration und ihr Gedächtnis hellwach. Sie nehmen alles gut auf und behalten es im Gedächtnis. Sie reagieren immer richtig und sagen immer das Passende. Sie machen alles richtig. Sie sind gut. Den Betriebsaufbau, der Ihnen erklärt wird, verstehen Sie sofort und es kommt so, wie Sie es sich wünschen. Sie sind selbstbewusst genug und wissen, was Sie wollen. Ulrike, Sie fühlen sich überall wohl, und finden sich zurecht. Sie sind immer ruhig und gelassen. Sie sind geschickt und lernen leicht. Sie haben sehr viel Zeit wenn sie arbeiten. Sie lassen sich nicht drängen, keiner bestimmt über Sie. Auch neue Herausforderungen beunruhigen Sie nicht. Sie werden stets unterstützt. Wenn Sie an neue Aufgaben denken, werden Sie ruhig und entspannt. Sie schlafen jede Nacht durch und werden pünktlich wach, um zur Arbeit zu fahren." Dann überließ ich es Ulrike in der Hypnose, sich einen Ort auszusuchen, an dem sie sich wohlfühlte. Nach dem Aufwachen erzählte sie mir: „Ich war an einem Strand. Der Sand war weiß und weich, es war wie in den Tropen und alles war in einer blauen Farbe: das Meer, das Korallenriff, und es gab bunte Meerestierchen. Dann sah ich mich im Betrieb, wie am Montag nach einem Gespräch gelacht wurde. Ich sah in die lachenden Gesichter meiner Kolleginnen.

An diesem Tag hatte ich während der Hypnose meine Hand von ihrer Schulter weggelassen. Ulrike war das sofort aufgefallen und es wurde ihr kalt an der Stelle, wo sonst meine Hand gelegen hatte. Sie bat mich, immer die Hand auf ihrer Schulter zu lassen, was ich ihr freudig versprach. Es war ein kleiner Sieg, Ulrike die sich von keinem Menschen anfassen ließ, hatte sich an meine Hand gewöhnt und empfand die Wärme die davon ausging, als angenehm. In den nächsten Therapien ging es darum, Ulrike aufzubauen und ihr Kraft und Zuversicht für ihre neue Arbeitsstelle zu vermitteln. Ulrike lag ruhig und entspannt da und wartete auf meine Worte. Ich sagte: „Ulrike, wünschen Sie sich jetzt, mit allen Menschen gut zurechtzukommen und dass die Menschen auch mit Ihnen gut umgehen. Wünschen Sie sich, mit den Kolleginnen in der Werkstatt gut zusammen zu arbeiten. Wünschen Sie sich, dass Ihr Betreuer gut mit Ihnen auskommt und dass das Klima in der Werkstatt immer freundlich und fröhlich ist. Wünschen Sie sich, dass viel gelacht wird und Ihnen die Arbeit stets gut von der Hand geht, dass Ihnen die Arbeit Spaß macht. Sie setzen sich selbst nicht unter Druck Sie bleiben innerlich frei, in jeder Stunde ruhig und gelassen." Danach schwieg ich und überließ es Ulrike, sich an einen Ort ihrer Wahl zu begeben. Meine Hand lag auf ihrer Schulter und ich beobachtete sie. Sie schien schöne Bilder zu sehen. Nach zehn Minuten der Stille bat ich sie, wieder in das Zimmer zurück zu kehren und die Augen zu öffnen. Ulrike sah mich fröhlich an und erzählte was sie erlebt hatte: „Ich sah das Meer und den weißen Strand. Im Hinterland war eine wunderschöne Bergwiese. Doch dann bemerkte ich, dass im Meer ein junger Mann in einen Gummireifen eingeklemmt war und sich selbst nicht daraus befreien konnte. Langsam ging er im Wasser unter und drohte zu ertrinken, weil er nicht mehr atmen konnte und so keinen Sauerstoff bekam. Ein anderer Mann kam angelaufen, schnitt den Reifen durch und konnte so den jungen Mann retten. Dann sah ich meinen Betreuer und die Kollegen am Strand. Alle lachten und neckten sich, waren voller Spaß miteinander. Ich entdeckte zwei junge Leute, die am Strand entlangliefen. Eine junge Frau ging mit nackten Füßen durch den Sand, aber plötzlich sackte sie ein. Es war Treibsand. Sie versank immer tiefer. Da kam ihr Freund und legte ein Brett über den Sand zu ihr und zog sie heraus. Ich sah das alles nur als Beobachter war selbst aber nicht dabei, ich habe mich nicht gesehen." Wir sprachen darüber, und beim nächsten Mal sollte Ulrike am Geschehen selbst mit beteiligt sein. In der nächsten Therapiestunde äußerte sie außerdem den Wunsch, schlanker zu sein. Sie wollte dünner werden und ihr Plan war es, das Gewicht langsam aber sicher senken. Doch sie fürchtete, wenn sie weniger essen würde, finge sie vielleicht an zu zittern, würde müde und depressiv. Nachdem wir beim nächsten Mal das Essverhalten angesprochen hatten, spürte Ulrike in sich die Kraft die Veränderung auch zu bewältigen. Sie stellte tatsächlich ihr Essverhalten um und hatte nach fünf Wochen schon fünf Kilo. abgenommen. Sie wurde flexibler und traute sich an viele neue Aufgaben heran. Ulrike kam jetzt immer mit neuen Wünschen zur nächsten Therapie. Einmal sagte sie: „Mein Kreislauf soll stets gesund sein. Ich möchte mich immer gut fühlen, frisch und leistungsfähig sein, aufnahmefähig und ich möchte leichter lernen können. Ich habe aber noch Angst vor fremden Menschen, denn sie reagieren oft nicht gut auf mich, sie verstehen mich nicht. Ich wünsche mir meine Betreuer als gute Menschen, sympathisch, damit ich viel von ihnen lernen kann. Ich habe bis jetzt vier Betreuer gehabt und ich habe Angst davor, dass der oder die Neue unsympathisch sein könnte. Ich möchte keinen schlechten Eindruck hinterlassen. Ich kann mich nicht durchsetzen und habe immer

Angst vor allem Neuen." Das war für mich ein Auftrag und ich wollte ihr helfen. Nachdem sie entspannt mit geschlossenen Augen auf meine Worte wartete, motivierte ich sie: „Ulrike, Sie sind schon so stark und selbstsicher geworden. Sie kommen mit allen Menschen immer gut zurecht. Sie gewöhnen sich, weil Sie klug sind, jetzt schnell an das Neue. Sie glauben an sich. Sie haben Mut und Sie verstehen alles. Mit Ihrem klugen Gedächtnis schauen Sie zuversichtlich in Ihre Zukunft. Sie haben gesunde, leistungsfähige Nerven, die mit jedem Stress leicht fertig werden. Sie werden alle Aufgaben im Betrieb zur vollsten Zufriedenheit durchführen. Sie lernen es leicht, mit Band- oder Stichsäge, mit der Bohrmaschine und kleineren Werkzeugen sicher und mit Freude zu arbeiten. Sie werden alle Werkzeuge sicher handhaben und bedienen können. Nachdem ich Ulrike diese motivierenden Sätze gesagt hatte, wurde ich still und überließ es ihr, sich an einen Ort zu begeben. Nach einer Zeit bat ich sie wieder ins Zimmer zurück und darum, die Augen zu öffnen. Sie strahlte mich an und ich wusste, dass sie wieder etwas Schönes erlebt hatte. Dann berichtete sie mir: „Ich habe die Werkstatt gesehen, ich sah mich mit dem Werkzeug arbeiten und war ganz ruhig. Der Betreuer, der mir das vorher beigebracht hatte, sagte zu mir: ‚Die Schwierigkeiten, die ich bei Ihnen vermutet hatte, sind jetzt beim Arbeiten an der Maschine nicht aufgetreten.' Ich konnte mich erinnern, dass mein Vater, als ich ein kleines Kind war, oft Löcher in die Dachlatten gebohrt hatte. Aber ich durfte das nie lernen. Ich stellte mir einfach vor, dass ich jetzt, als Erwachsene selbst Löcher bohre und es machte mir viel Spaß. Danach sah ich den Strand, sah einen großen Baum, der dann zu einer Palme wurde. Um mich herum waren Schmetterlinge, die mit meiner Angst zusammen in den Himmel flogen. Dann kam von hinten eine große Welle und ging über mich hinweg. Diese Welle tat mir aber nichts, ich hatte keine Angst." Es war wieder ein kleiner Sieg, den sie errungen hatte. Wir nahmen uns vor, in den nächsten Therapien noch intensiver in dieser Richtung zu arbeiten. Beim nächsten Mal lag Ulrike entspannt und erwartungsvoll auf der Couch, die Augen schon geschlossen. Ich sprach: „Ulrike, Sie lassen jetzt die Ängste mit den Schmetterlingen fortfliegen Sie setzen sich durch, Sie schaffen alles. Soviel haben Sie schon geschafft, Sie werden mutiger und trauen sich immer mehr zu. Sie werden selbstbewusster, sagen offen ihre Meinung ruhig, höflich, aber bestimmt. Sie allein bestimmen über sich. Wenn Sie sich mit anderen Menschen unterhalten, fühlen Sie sich sicher, ruhig und gelassen. Wenn Sie etwas nicht möchten, dann sagen Sie es. Sie können alles sagen, der Betreuer kann Ihnen nichts tun. Sie sind frei und fühlen sich auch frei. Kein Mensch kann über Sie bestimmen. Nur Sie allein entscheiden und Sie machen dabei alles richtig. Wenn Sie zum Gruppenleiter gehen, wissen Sie, dass Sie gut sind und vieles können. Sie lassen sich nicht zwingen, sagen offen Ihre Meinung. Sie bleiben ruhig und setzen sich durch. Sie haben keine Angst vor Menschen. Sie bleiben immer entspannt und gelassen. Sie lassen sich nicht zwingen, Sie nicht! Keiner kann über Sie bestimmen, nur Sie allein. Alles wird gut, alles geschieht nur noch zu Ihrem Besten." Nach meinen Worten überließ ich es Ulrike wieder, sich einen Ort auszusuchen. Ich beobachtete sie dabei. Sie hatte ein Lächeln im Gesicht. Es war sicher ein schönes Erlebnis und nach dem Aufwachen berichtete sie mir: „Ich sah meine Arbeitsstelle und es war friedlich. Ich hatte Erfolg und wurde gelobt, das war schön. Dann war ich wieder am Meer spielte mit anderen Menschen am Strand Fangen. Es war lustig und schön. Dann sah ich zwei Babys. Eins hatte blonde und das andere schwarze Haare. Ich durfte beide auf den Arm nehmen und streicheln." Das erste Mal nach langer Zeit empfand Ulrike Gefühle von Freude und konnte sagen: „Es war so schön!" Für mich war es bewegend zu erleben, wie ein Mensch, der im Leben so viel Qualen und Erniedrigungen erdulden musste, Vertrauen zu sich selbst und zu den Mitmenschen wieder fand. Sie war nun endlich bereit, an das Gute zu glauben. So wie eine Blume langsam wächst und dann erblüht, so schien es auch bei Ulrike zu sein. Endlich konnte sie Gefühle wie Freude, Glück, Zuversicht und Glaube in sich wachsen spüren. Gefühle die sie in ihrem Leben bis dahin nicht gekannt hatte. Von klein auf war sie nur gehänselt worden. Die Kinder liefen hinter ihr her und ahmten ihre piepsige Stimme nach. Sie hätte so gerne Freunde gehabt, aber keiner wollte mit ihr spielen. So entwickelte sich über die Zeit in ihr der Glau-

be, dass die Menschen nur Schlechtes für sie wollten. Sie blieb anderen gegenüber misstrauisch und stumpfte ab. Die Therapie schien Erfolg zu haben, denn Ulrike reagierte immer besser darauf. Sie fing damit an, Sport zu treiben, ging in einen Turnverein und kam auch dort mit den Kameradinnen gut zurecht. Ihre piepsige Stimme wurde langsam dunkler, sie sprach nun langsamer und ruhiger. Ulrike wagte sich an alles, lernte von ihrer Mutter kochen, stricken, an der Nähmaschine arbeiten und verspürte immer mehr Gefallen am Leben. Sie hatte durch ihre Musik schon einen netten Freundeskreis der sich ständig erweiterte. Ihre Mutter war auch glücklich über die positiven Veränderungen der Tochter. Besonders, weil sie ja selbst schon im hohen Alter war. wusste sie jetzt, dass sie irgendwann beruhigt von dieser Welt würde gehen können. Ihre Tochter war nun in der Lage, Haus und Garten in Ordnung zu halten und ihren behinderten Bruder zu versorgen. Ulrike ging jeden Tag mit Freude arbeiten und wenn sie nach Hause kam, half sie ihrer Mutter im Haushalt. Mit jedem Tag wurde sie selbständiger. Man sah Ulrike an, dass sie mit sich zufrieden war. Sie hatte weiter abgenommen und eine gesunde Gesichtshaut bekommen. Sie entwickelte sich zu einer netten, positiven jungen Frau, die wieder mit Menschen reden und lachen konnte.
Ich sprach mit Ulrike über das Ende der Therapien und sagte, dass sie nun stark genug sei, ihr Leben selbst in die Hand zu nehmen. Ulrike bat mich jedoch, noch ein bis zwei Hypnose-Therapien durchzuführen, um ihr Mut zu machen und damit sie mit ihren Rest-Ängsten besser umgehen könnte. Ich war einverstanden und sehr stolz auf sie. Es war schön zu sehen, wie wunderbar sie sich entwickelt hatte. Ich sah, dass sie wusste, was sie wollte und das auch für sich einforderte. Nachdem Ulrike in der nächsten Therapiesitzung entspannt auf der Couch lag und auf meine Worte wartete, begann ich zu sprechen: „Sie lassen die Ängste los, Sie sind gut in dem, was sie tun und Sie kommen immer pünktlich zur Arbeit. Wenn Sie an Ihre Arbeit in der Firma denken, werden Sie ganz ruhig. Wenn Sie einmal auf dem Weg zur Werkstatt in einem Stau stehen und Sie später zur Arbeit kommen, dann sagt keiner etwas, denn Sie können nichts dafür. Die Regeln gelten nur für die, die

oft ohne Grund zu spät kommen. Sie sind immer pünktlich. Niemand schimpft mit Ihnen, wenn Sie mal zu spät kommen. Sie lassen sich die Freude an der Arbeit nicht verderben. Sie lassen keine Ungerechtigkeit zu und sagen Ihre Meinung. Sie setzen sich durch. Auf der Arbeit sind Sie ruhig, Sie können sich gut konzentrieren. Sie sind ausgeglichen, immer ruhig und entspannt. Alles, was Sie sich fest wünschen und daran glauben, wird sich erfüllen. Sie sind mutig und motiviert genug, den Computer selbstständig zu bedienen." Dann wurde ich still und ließ Ulrike wieder ans Meer gehen. Meine Worte schienen eine positive Wirkung bei ihr auszulösen, denn ihre Wangen wurden rosig und ab und zu erschien ein Lächeln in ihrem Gesicht. Nach der Therapie erzählte Ulrike mir: „Ich sah mich auf einer Bergwiese, ich stand auf einem Brett und schwebte mit dem Brett hinunter an das Meer. Das Meer hatte eine wunderschöne Farbe, es war türkis und leuchtete. Der Sand am Strand war fast weiß. Ich fuhr durch einen Wellentunnel und sah mich turnen und mit dem Fahrrad fahren. Ich hatte ein Gefühl von Zufriedenheit in mir. Das war so schön. Dann sah ich mich am Strand und hatte ein pausbäckiges Baby im Arm. Ich liebkoste und knuddelte es. Um mich herum saßen Babys mit einem Schnuller im Mund und bauten Sandburgen. Die Menschen am Strand waren freundlich zu mir und ich spürte Vertrauen zu ihnen. Ich fühle mich jetzt gut und ich werde alles schaffen in meinem weiteren Leben." Ich sagte Ulrike, dass ich sehr stolz auf sie sei und ganz sicher, dass sie in ihrem Leben noch viel Schönes erreichen würde. Ich sah sie lange an an und dachte an die Zeit, die wir beide miteinander verbracht hatten. In mir war eine große Dankbarkeit dafür, dass ich dabei mithelfen durfte, ihr den Weg in ein neues besseres Leben zu erleichtern. Ulrike hat nach dem Tod ihrer Mutter ganz selbständig und sehr gut den Haushalt und die Betreuung ihres Bruders übernommen. Sie hat Kontakt mit Freunden, ist auf ihrer Arbeitsstelle sehr gut angekommen und lebt zufrieden mit ihrer Umwelt.

Wo ist mein Opa?

An einem Montagmorgen rief mich eine verzweifelte Mutter in der Praxis an. Sie erzählte mir, dass ihre neunjährige Tochter Nina seit einiger Zeit jede Nacht ins Bett einnässen würde. Außerdem wäre sie sehr aufsässig und bockig. Sie sei in sich gekehrt und würde alles verneinen. Ihre Tochter würde alles ablehnen, sah sich selbst als dumm, hässlich und nicht mehr liebenswert. Der Großvater, der ihre Bezugsperson gewesen war, sei in diesem Jahr gestorben. Nina sei dadurch in ein tiefes Loch gefallen. Sie habe keine Freunde mehr durch ihr aggressives Verhalten. Wenn man ihr in der Familie Zärtlichkeit oder Zuwendung geben wollte, würde sie sich dagegen sperren. Sie fürchtete sogar, ihre Tochter Nina wollte nicht mehr leben. Selbst sie als Mutter käme nicht an das Kind heran. Die Psychotherapie, in der sie mit ihrer Tochter gewesen sei, hatte keinen Erfolg gebracht.

Ich machte mit der Mutter einen Termin am späten Nachmittag in meiner Praxis aus. Denn ich ahnte schon, dass dieser Fall viel Zeit in Anspruch nehmen würde. Sie zusammen mit ihrer kleinen Tochter dann am folgenden Tag in meine Praxis. Mein Sprechzimmer ist sehr freundlich hell und gemütlich eingerichtet. Eigentlich fühlt sich jeder gleich wohl, wenn er in dieses Zimmer kommt und in einem der wunderschönen, großen, gemütlichen, runden Sessel Platz nimmt. Anders sah es bei meiner kleinen Patientin aus. Ich bat sie bewusst, in dem großen, runden, grün geblümten Sessel Platz zu nehmen, um ihr dadurch zu zeigen, wie wichtig sie für mich war. Aber anscheinend machte das keinen Eindruck auf sie. Sie setzte sich nur widerwillig in den Sessel und demonstrierte mir ihre ablehnende Haltung mit verschränkten Armen. So saß sie mir gegenüber, den Kopf gesenkt. Sie sah mich nicht an und sagte kein Wort. Als ich sie nach ihrem Namen fragte, hob sie den Kopf und schaute mich wütend an. Sie war auf Kampf mit mir aus und zeigte mir mit ihrem Verhalten, dass ich sie in Ruhe lassen sollte. Ich beobachtete Nina und fragte mich, wie viele quälende Gefühle wohl in diesem kleinen Menschlein tobten. Ich sah sie minutenlang lächelnd und ruhig an, ohne ein Wort zu sagen. Ich wünschte mir, das Vertrauen dieses Kindes zu gewinnen, um ihr helfen zu können. Die Mutter wurde inzwischen ungeduldig und forderte ihre Tochter auf, endlich brav zu sein und mir zu antworten. Das war zu viel, und aus der kleinen Patientin platzte eine aufgestaute, geballte Wut raus. Sie schrie ihre Mutter und mich trotzig an: „Ja, ja ich weiß genau, wie es hier abgeht. Erst geht es ‚bla-bla-bla'…", und dabei schaute sie mich zornig an, „Sie wollen doch auch nur wie die Anderen alles aus mir herauskriegen, dann ist die Stunde rum und meine Mutter kann bezahlen." Ich war innerlich so geschockt über diesen Ausbruch. Ein kleiner Mensch, gerade mal neun Jahre alt, und doch schon so verzweifelt. Hatte denn bisher keiner gesehen, wie sehr dieses Kind unter irgendeinem Erlebnis litt? Sicher hatten alle versucht, Nina zu helfen. Aber das Kind hatte sich bisher nicht geöffnet, hatte kein Vertrauen. Die Mutter konnte ihrem Kind nicht helfen, sie war selbst stark überlastet, verzweifelt und brauchte auch Hilfe. In dem Raum wurde es minutenlang still, keiner sagte ein Wort. Ich sah Nina nur an und wartete auf eine Lösung aus meinem Inneren. Dann kam mir eine Idee. Ich sagte zu meiner kleinen Patientin: „Du hast ja so Recht wenn du sagst, dass immer die anderen etwas von dir wollen. Wir beide drehen den Spieß jetzt einfach mal herum, du kommst jetzt hinter meinen Schreibtisch und setzt dich auf meinen Stuhl. Ich setze mich vor den Schreibtisch in deinen Sessel. Dann stellst du hier die Fragen." Sie war so verdutzt über meinen Vorschlag, denn mit so etwas hatte sie nicht gerechnet. Aber es weckte bei ihr auch Neugierde. Sie stand auf und kam zögernd um den Schreibtisch herum. Wir beide tauschten unsere Plätze. Da saß sie nun auf meinem Platz. Ich schaute sie lächelnd an und fragte mich insgeheim, was jetzt wohl in ihr vorgingeDenn nun war sie ja in der Position der Fragenden. Sie schaute mich zuerst nur hilflos und ratlos an, aber ich erkannte dahinter schon ein kleines Lächeln und spürte, dass etwas Wunderbares geschehen würde. Da saß sie jetzt und wusste zunächst nicht mehr weiter. Ich sah in ihr süßes Gesicht vor mir. Der Trotz war fort aus dem kleinen zarten

Gesicht. Nur ein Fragezeichen sah ich in ihren Augen. Sie brachte keine Frage raus. Um ihr Hilfe zu geben, nahm ich wieder das Wort an mich, und sagte: „Frage mich doch einmal, ob ich schon Großmutter wäre und ob ich Enkelkinder hätte." Sie ging auf mein Spiel ein. Sie fragte mich nach Enkelkindern und ich sagte, dass es mein größter Wunsch sei, einmal welche zu haben. Eine Enkeltochter so wie sie. Meine kleine Patientin antwortete wütend darauf, dass ich ja bestimmt keine Zeit für meine Enkelkinder hätte und sie bestimmt doch immer nur abschieben würde. Ruhig antwortete ich ihr, dass sie zwar Recht hätte, dass meine Zeit knapp sei. Aber ich würde mir dann eben die Zeit nehmen, um meiner Enkelin schöne Geschichten zu erzählen oder mit ihr zu spielen. Durch dieses Gespräch wurden Erinnerungen in dem kleinen Mädchen geweckt. Erinnerungen, die mit großen Schmerzen verbunden waren. Und plötzlich fing sie an zu weinen. Sie weinte immer heftiger. In ihr hatte sich ein Schmerz gelöst und brach nun aus ihr heraus. Sie schluchzte so, dass mir das Herz wehtat. Was war nur in ihrem bisher doch so kurzen Leben geschehen, das diesem süßen Mädchen so viel Kummer bereitet hatte? Ich gab der Mutter ein Zeichen, ihr Kind nur einfach nur in den Arm zu nehmen nichts zu sagen, sie nur in den Arm zu nehmen und ganz festzuhalten. Nachdem Nina sich etwas beruhigte, sagte sie: „Ich will meinen Opa wieder haben. Nur mein Opa hatte immer Zeit für mich und jetzt ist er nicht mehr da. Jetzt bin ich allein, keiner hat Zeit für mich." Der Großvater, der vor einiger Zeit verstorben war, war die wichtigste Bezugsperson für Nina gewesen. Sie wurde vom Opa geliebt und mit viel Zeit verwöhnt. Er war ihr ein und alles. Als der Großvater starb, wollte man dem Kind den Schmerz ersparen und vermied es, mit ihr über seinen Tod zu sprechen. Man hielt Nina bewusst von allem fern. Für sie war der geliebte Opa also von einem auf den anderen Tag nicht mehr da. In der großen Trauer der Erwachsenen war der Schmerz dieses Kindes unbemerkt geblieben. Dieses Kind hatte seinen Verlustschmerz um den Opa nicht verarbeiten können. Nina hatte sich auch nicht von ihm verabschieden können. Ich bat sie, mir von ihrem Opa zu erzählen. Nina erzählte und erzählte, und ich konnte sehen, wie es ihr immer besser ging. Die Mutter nahm ihre Tochter in den Arm und streichelte sie zärtlich. Und Nina nahm nun diese Zärtlichkeiten auch endlich wieder an. Sie klammerte sich förmlich an ihre Mutter. Ich sah, wie die beiden wieder eins wurden. Die Mutter versprach ihrer Tochter, sich künftig mehr Zeit für sie zu nehmen. Wieder war durch Zuhören, Mitfühlen und Lösungen Aufzeigen ein Menschlein glücklich geworden. Die Mutter nahm ihr Töchterchen und beide fuhren in ein Eis-Café, wo sie sich noch einmal die Zeit nahmen, über alles zu sprechen. Eine Woche später rief mich die Mutter an und berichtete, dass es ihrer Tochter und ihr wunderbar ginge. Ihre Tochter hätte keine Nacht mehr ins Bett gemacht und sei wieder ausgeglichen und fröhlich im Umgang mit anderen.

Danksagung

Ich möchte dem Schicksal danken, dass es mich mit einer großen Portion Mitgefühl und Verständnis für alle Menschen bereichert hat und in mir den Wunsch wachsen ließ, über Menschenschicksale zu schreiben. Es ist wunderschön, wenn man erlebt, wie ein kleines krankes verwelktes Pflänzchen unter der richtigen Pflege langsam wieder zu Kräften kommt und wenn es dann auch noch wieder beginnt zu blühen. Dabei kann ich das Gefühl von Freude kaum beschreiben. Es war des Öfteren „Gänsehaut pur".

Als nächstes danke ich meinem Mann Hans Dieter, dem dieses Buch gewidmet ist. Auch wenn er nicht mehr in diesem Leben und an meiner Seite ist, so weiß ich doch, dass er da ist, mich motiviert und auf mich aufpasst. Ich finde keine Worte, die auszudrücken vermögen, wie außergewöhnlich er war. Soviel weiß ich, ohne ihn wäre meine Arbeit nicht möglich gewesen.

Ich möchte meinen Kindern, Frank, Ralf, Gaby und Marlies danken, die mich nach schwerer Krankheit auffingen und mir das Leben wieder lebenswert machten. Eine Familie kann Geborgenheit geben und ich habe diese Geborgenheit durch sie jeden Tag erfahren dürfen. Ich liebe sie sehr und bin stolz und dankbar, so wunderbare Kinder zu haben.

Ich möchte aber auch meiner Familie danken. Ich habe das Glück, eine tolle große Familie um mich zu haben.

Ich danke allen Freunden für ihre aufbauenden Worte und Taten. Ein ganz besonderer Dank gilt einer tollen Freundschaft, die vor Jahrzehnten begann und die bis heute hält. Jutta ist wie ein Engel für mich. Sie ist immer und jeden Tag für mich da und gibt mir das Gefühl, nicht allein zu sein. Sie Alle tragen zu meinem Wohlbefinden bei und geben mir die Kraft und Energie zum Schreiben. Durch sie werde ich stets inspiriert und belebt.

Diese Danksagung gibt mir die Gelegenheit, mich vor allen Dingen auch bei Daniela Prüter zu bedanken. Sie war es, die mir die Realität klar machte. Als ich sie bat, mir zu helfen und meine Bücher zu lektorieren, nahm sie mir zuerst einmal die Illusion vom großen Erfolg. Doch als sie wusste, wie ernst es mir war, diese Geschichten zu schreiben, war sie bereit, mir zu helfen. Auch hier entstand mit den Jahren eine Freundschaft und ich bin dankbar, Daniela begegnet zu sein.

Letztendlich möchte ich mich bei allen bedanken, die mir zur Seite standen. Vor allem gilt mein Dank zehn weiteren an Brustkrebs erkrankten Frauen, mit denen ich ein Jahr lang das Theaterstück „Überlebensmut" probte, das dann im November 2015 mit großem Erfolg im Theater zur Aufführung kam. Es hat uns allen neuen Mut und Zuversicht gegeben. Unter der liebevollen Betreuung von Charlott Dahmen und Gudrun Wegner sind wir elf Frauen über uns selbst hinausgewachsen.